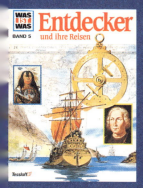

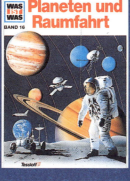

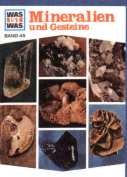
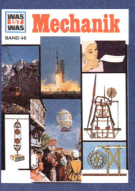
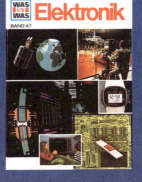

**Weitere Titel siehe letzte Seite.**

Ein  Buch

# RITTER

von
Prof. Dr. Wolfgang Tarnowski

Illustriert von Peter Klaucke
und Frank Kliemt

Tessloff Verlag

# Vorwort

Kaum ein anderes Thema aus der Geschichte eignet sich so gut zum Ausschmücken, Verherrlichen und zur Wendung ins Märchenhafte wie das Thema ›Ritter‹ – und viele Autoren von Jugendbüchern erliegen dieser Versuchung nur allzu gern. Die Folge davon ist, daß die meisten Menschen beim Worte ›Ritter‹ beinahe zwangsläufig an Größe, Edelmut, Reichtum, Macht, Freiheit und Abenteuer denken; an eine geheimnisvolle und verlockende Welt, bevölkert von heldenhaften Männern in schimmernden Rüstungen und weißgewandeten zarten Damen, die in scheuer Zurückhaltung darauf warten, erobert zu werden.

Mit der Wirklichkeit hat diese romantische Ritterwelt unserer Jugendbücher nichts zu tun. Denn das Leben im Mittelalter war alles andere als romantisch. Es war eine Welt, in der die meisten Menschen einen harten Lebenskampf kämpften – auch die meisten Ritter. Für ein glänzendes Abenteuerleben war da wenig Platz. Auch waren nicht alle Ritter gleich. Zwar gab es unter ihnen strahlende Erscheinungen, doch die meisten taten sich nicht sonderlich hervor. Ja, viele waren nicht einmal frei, lebten auf dem Lande wie halbe Bauern und hatten die entsprechenden Manieren. Trotzdem war die Welt des Rittertums eine faszinierende Welt; eine Welt, in der so verschiedene Dinge wie wilde Lust am Kriege und tiefe Frömmigkeit, Primitivität und Sehnsucht nach höherer Gesittung, Männerkult und aufrichtige Frauenverehrung unvermittelt nebeneinander bestanden.

Dieses WAS IST WAS-Buch schildert die Welt der Ritter in ihrer ganzen Vielfalt. Es berichtet von ihrer langen Geschichte, von ihrem Selbstverständnis von ihrem Alltag und ihren Festtagen, schließlich von ihrem Niedergang. Und es zeigt, daß das Rittertum nicht nur eine handgreifliche geschichtliche Erscheinung war, sondern auch ein Traum: der Traum von einem besseren, einem ›ritterlichen‹ Menschen.

WAS IST WAS, Band 88

■ Dieses Buch ist auf chlorfrei gebleichtem Papier gedruckt.

Bildquellennachweis:
Archiv für Kunst und Geschichte, Berlin: S. 39; Archiv Gerstenberg: S. 6; Bavaria Bildarchiv, Gauting: S. 41; Bildarchiv Preußischer Kulturbesitz: S. 47 Mitte; Bildkunstverlag Gerhard und Waltraud Klammet, Ohlstadt: S. 40 u.; Dieter Drescher m. frdl. Gen. v. H. Johannes Graf Tratt Churburg, Schluderns: S. 27; Germanisches Nationalmuseum, Nürnberg: S. 19, S. 25 u/li; Historisches Museum, Basel: S. 26 o/re; Kunsthistorisches Museum, Wien: S. 24 u/re; Frithjof Meussling, m. frdl. Gen. v. H. Domprediger Quast, Ev. Domgemeinde, Magdeburg: S. 26 Mitte; Riksantikvarieämbetet och statens historika museer, Stockholm: S. 26 u/li; Schmeckenbecher/Thüring: S. 13; Tapisserie de Bayeux, m. frdl. Gen. d. Stadt Bayeux: S. 24/25 o; The British Library, London: Ms Roy 19B XV f. 37a: S. 17; Staatsbibliothek Preußischer Kulturbesitz, Berlin: S. 40 o; The Pierpoint Morgan Library, New York: M 638 f. 28: S. 24 u/li; Universitätsbibliothek Heidelberg: S. 3, S. 12, S. 25 u/re, S. 31, S. 32 Mitte, S. 33 u, S. 34, S. 35, S. 42, S. 43; Eduard Widmer, Zürich: S. 38; Illustrationen Umschlag, Seite 1, S. 5, S. 7 u, S. 8 o, S. 10, S. 11, S. 15, S. 18, S. 20, S. 21, S. 22/23, S. 28/29, S. 30, S. 32/33 o, S. 36, S. 37, S. 44, S. 45, S. 47 o: Peter Klaucke Illustrationen Seite 4, S. 7 o, S. 8 u, S. 16: Frank Kliemt

Copyright © 1990 Tessloff Verlag, Nürnberg
Die Verbreitung dieses Buches oder von Teilen daraus durch Film, Funk oder Fernsehen, der Nachdruck oder die fotomechanische Wiedergabe sind nur mit Genehmigung des Tessloff Verlages gestattet.
ISBN 3-7886-0630-4

# Inhalt

## Der Aufstieg des Rittertums

| | |
|---|---|
| Womit begann die Geschichte des Rittertums? | 4 |
| Wie sah ein fränkischer Panzerreiter aus? | 6 |
| Welche Rolle spielten Panzerreiter im Kampf gegen Wikinger und Ungarn? | 7 |
| Wie teuer waren Panzerreiter? | 9 |
| Wie finanzierten die Franken ihre Panzerreiter? | 9 |
| Welche Rechte und Pflichten begründete der Lehnsvertrag? | 10 |
| In welcher Form wurde der Lehnsvertrag geschlossen? | 11 |
| Waren alle Vasallen freie Männer oder gab es darunter auch unfreie? | 12 |
| Welchen Ruf hatten die frühen Ritter bei der Kirche und beim Volk? | 13 |
| Wie versuchte die Kirche, die Moral der frühen Ritter zu heben? | 14 |
| Was bedeuteten die Kreuzzüge für das Selbstverständnis der Ritter? | 16 |
| Was bedeutete ›Rittertum‹ in seiner Blütezeit? | 18 |

## Die Welt des Ritters

| | |
|---|---|
| Wie wurde der Ritter erzogen? | 20 |
| Wie wurde der Knappe in den Ritterstand aufgenommen? | 21 |
| Was machte der junge Ritter nach der Schwertleite? | 23 |
| Wie sah die Rüstung eines Ritters aus? | 24 |
| Mit welchen Waffen kämpfte ein Ritter? | 27 |
| Wie kämpfte ein Ritter in der Schlacht? | 28 |
| Was war die liebste Beschäftigung des Ritters im Frieden? | 31 |
| Was versteht man unter einem Turnier? | 32 |
| Wie ging es bei einem Turnier zu? | 34 |
| Welche Rolle spielten Turniere im Leben der Ritterschaft? | 35 |
| Wie wohnte ein Ritter? | 36 |
| Woraus hat sich die Ritterburg entwickelt? | 36 |
| Welche Grundtypen der Ritterburg gibt es? | 38 |
| Was versteht man unter ›höfischem Rittertum‹? | 41 |

## Der Niedergang des Rittertums

| | |
|---|---|
| Warum konnte sich der Ritter als Soldat auf Dauer nicht behaupten? | 44 |
| Wie kam es, daß viele Ritter im Laufe der Zeit verarmten? | 45 |
| Wie ging das Zeitalter des Rittertums zu Ende? | 46 |
| Was ist uns vom Rittertum geblieben? | 48 |

*Alltagskleidung eines Ritters: Der sagenumwobene deutsche Ritter und Dichter Tannhäuser in der Tracht des Deutschen Ordens (Buchmalerei aus der berühmten ›Manessischen Liederhandschrift‹, entstanden zwischen 1300 und 1340).*

# Der Aufstieg des Rittertums

**Womit begann die Geschichte des Rittertums?**

Die Geschichte des Rittertums begann in der ersten Hälfte des 8. Jahrhunderts n. Chr.* – in einer Zeit, in der die Anhänger des Propheten Mohammed nach der Eroberung Vorderasiens und Nordafrikas nun auch nach der Herrschaft über Westeuropa griffen.

Erstes Angriffsziel war Spanien. In einem waghalsigen Unternehmen landeten die Kämpfer Allahs im April des Jahres 711 an der Südküste unweit des Felsens von Gibraltar, überrannten eine weit überlegene christliche Armee, die zur Abwehr herbeigeeilt war, stürmten weiter ins Landesinnere, zwangen die Königsstadt Toledo zur Kapitulation und erreichten im Sommer 713, knapp drei Jahre nach Beginn des Krieges, das Grenzgebirge zu Frankreich: die Pyrenäen. Als schließlich die Waffen ruhten, verwandelten die Sieger Spanien binnen kurzem in einen islamischen Staat, in dem das Leben der Menschen fortan von der Religion Allahs, von den Gesetzen Mohammeds und von den Sitten des Orients geprägt wurde.

In der abendländischen Christenheit erweckten die neuen Nachbarn Mißtrauen und Furcht. Aus guten Gründen. Denn die Eroberung Spaniens war ja kein gewöhnlicher Krieg gewesen, sondern ein ›Dschihad‹, ein Religionskrieg, der vor allem ein Ziel verfolgte: den Islam mit Feuer und Schwert auszubreiten. Und dieses Ziel bestand auch nach der Eroberung Spaniens fort. Das aber bedeutete: der nächste Schritt, der Angriff auf die Grafschaften im Süden Frankreichs und auf deren mächtigen Nachbarn, das Fränkische Reich, würde vermutlich nicht lange auf sich warten lassen.

Der erste, der aus dieser Einschätzung der Lage seine Schlußfolgerungen zog, war der fränkische Kanzler Karl Martell (714–741). Besorgt hatte er sich von der eigentümlichen Angriffstaktik der Mohammedaner berichten lassen. Diese fanatischen Kämpfer brausten auf ihren schnel-

---

* Weil sich alle Ereignisse, die in diesem Buch geschildert werden, in christlicher Zeit abgespielt haben, kann auf den folgenden Seiten der Zusatz ›n. Chr.‹ bei Jahreszahlen und anderen Zeitangaben entfallen.

*Die Karte zeigt, wie Mohammeds Nachfolger, die Kalifen, den Islam mit Waffengewalt über den Vorderen Orient, Nordafrika und Spanien ausbreiteten. Erst im 8. Jahrhundert konnten die Franken den Siegeszug der ›Ungläubigen‹ aufhalten.*

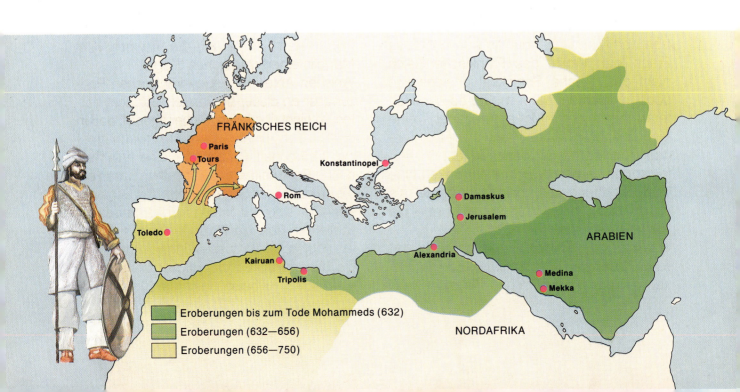

*Fränkische Panzerreiter stellen islamische Reiterkrieger zum Kampf. Aus der schwergepanzerten fränkischen Kavallerie entwickelte sich im Laufe von Jahrhunderten der abendländische Ritter.*

len Pferden wie ein Gewittersturm heran, überschütteten den Gegner mit einem Hagel von Pfeilen, griffen, nachdem sie die feindliche Schlachtordnung so in Unordnung gebracht hatten, von mehreren Seiten zugleich an, zogen sich aber, wo sie auf unüberwindlichen Widerstand stießen, unvermittelt zurück, um urplötzlich aus einer anderen Richtung wieder aufzutauchen und das tödliche Spiel von neuem zu beginnen. Konnten die schwerfälligen fränkischen Fußtruppen einem so beweglichen und unberechenbaren Gegner auf Dauer standhalten? Für den kriegserfahrenen Karl Martell war die Antwort auf diese Frage klar: Wollte das Fränkische Reich nicht das gleiche Schicksal erleiden wie soeben Spanien, dann mußte es den Reiterarmeen der Mohammedaner eine eigene schlagkräftige Reiterarmee entgegensetzen. Und so geschah es. In den folgenden Jahren bauten die Franken eine Truppengattung auf, die man heute als ›fränkische Panzerreiter‹ bezeichnet – die *Vorläufer der späteren Ritter.*

Was Karl Martell vorausgesehen hatte, trat schon bald ein. Um das Jahr 720 erschienen die ersten islamischen Reiter in Südfrankreich. In immer neuen Angriffswellen verheerten sie Dörfer und Städte, zündeten Kirchen und Klöster an, plünderten und mordeten und schleppten unzählige Menschen in die Sklaverei. Dann, im Oktober des Jahres 732, kam es zum ersten Zusammenstoß mit den Franken. In dieser zweitägigen Schlacht – sie fand südlich der Loire zwischen den Städten Tours und Poitier statt – errangen die Truppen Karl Martells einen glorreichen Sieg.

Welchen Anteil die neuen fränkischen Panzerreiter an dieser berühmten Schlacht hatten, ist nicht überliefert. Sicher aber ist, daß in dem nun beginnenden langen Abwehrkampf die fränkischen Panzerreiter eine entscheidende Rolle spielten. Sie vor allem waren es, die in unzähligen Scharmützeln und Schlachten die siegverwöhnten Mohammedaner schließlich über die Pyrenäen zurückdrängten und so die Voraussetzungen schufen für die ›Reconquista‹: die Rückeroberung der spanischen Halbinsel durch die Christen.

**Wie sah ein fränkischer Panzerreiter aus?**

Wie ein fränkischer Panzerreiter aussah, wissen wir aus zeitgenössischen Abbildungen. Wichtigstes Ausrüstungsstück war, wie der Name ›Panzer‹-Reiter sagt, der Panzer zum Schutz des Leibes, der Oberarme und der Oberschenkel. Ein solcher Panzer bestand aus einem festen Lederwams, das mit eisernen Plättchen dachziegelartig besetzt war. Ein Schuppenpanzer also, der seinen Träger gegen Pfeile, Speere und Schwerthiebe abschirmte. Schuppenpanzer dieser Art, sogenannte ›Brünnen‹, galten als so kostbar, daß ihre Ausfuhr aus dem Fränkischen Reich streng verboten war.
Den Kopf schützte der Panzerreiter mit einem eisernen Spangenhelm, der das Gesicht freiließ. Seine Beine steckten in ledernen Gamaschen oder waren verborgen hinter metallenen Beinschienen. Ergänzt wurde diese frühe Form der Ritterrüstung durch einen mittelgroßen runden Schild aus Holz oder Leder.
Panzerreiter griffen den Gegner zuerst mit der Lanze an, die sie aber nicht, wie später die Ritter, unter die Achsel klemmten (›einlegten‹), sondern hoch über dem Kopf schwangen. Neben der Lanze war ihre wichtigste Angriffswaffe das lange, gerade Schwert, eine Spezialität fränkischer Waffenschmiedekunst und dementsprechend begehrt in ganz Europa.
Ein so gerüsteter ›schwerer Reiter‹ brauchte auf dem Rücken seines Pferdes festen Halt. Dafür sorgte der fränkische Sattel, der wie das fränkische Langschwert zu den besten der Welt zählte. Was aber noch wichtiger war: der fränkische Panzerreiter ritt in Steigbügeln. Solche Steigbügel waren eine bedeutsame waf-

*Fränkische Panzerreiter, ausgerüstet mit Kettenhemd, Eisenhelm, Rundschild, Schwert und Lanze (links unten) auf dem Marsch. Sie werden begleitet von leichter, das heißt ungepanzerter Kavallerie (links oben). Vorn ein gepanzerter Standartenträger mit Drachenfisch-Standarte (Buchmalerei aus dem ›Goldenen Psalter von Sankt Gallen‹, 9. Jahrhundert).*

fentechnische Neuerung, denn in ihnen konnte sich der Reiter nun fest abstützen, wenn er beim Angriff mit der Lanze zielen oder mit dem Schwert zuschlagen wollte.

**Welche Rolle spielten Panzerreiter im Kampf gegen Wikinger und Ungarn?**

Die großen Erfolge der fränkischen Panzerreiter im Abwehrkampf gegen die Mohammedaner veranlaßten Karl Martell und seine Nachfolger, schwerbewaffnete Berittene nun auch an anderen Kriegsschauplätzen und gegen andere Gegner einzusetzen. Es waren Jahrzehnte der Erprobung und Bewährung, aus denen die neue Waffengattung mit neuen Erfahrungen und neuem Selbstbewußtsein hervorging. Höhepunkte in dieser stetigen

Aufwärtsentwicklung bildeten zwei grausame Kriege, in denen sich Panzerreiter endgültig als die wirkungsvollste Waffe erwiesen, über die das christliche Abendland damals verfügte.

Der erste dieser Kriege war der ›große Wikingersturm‹, der Westeuropa während des ganzen 9. Jahrhunderts in Atem hielt. Getrieben von Abenteuerlust und Beutegier, vielleicht auch auf der Suche nach Land und Freiheit, hatten die wilden Krieger aus dem Norden in ihren Drachenschiffen zuerst die Küsten Englands und Irlands heimgesucht und schließlich das Fränkische Reich, das damals eine Zeit der Wirren durchmachte, als besonders leichte Beute entdeckt. Seitdem hatten dort die Angriffe von Jahr zu Jahr zugenommen. Während die einen mit ihren Booten entlang der großen Flüsse ins Landesinnere vordrangen, errichteten die anderen auf küstennahen Inseln Heerlager, von denen aus sie das gequälte Land auf erbeuteten Pferden mit einem gnadenlosen Reiterkrieg überzogen.

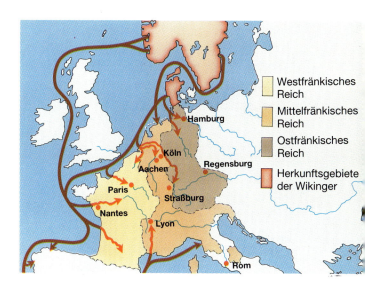

*Der ›große Wikingersturm‹ auf die Nachfolgestaaten des Fränkischen Reichs im 9. Jahrhundert. Mit ihren Schiffen drangen die Angreifer entlang der großen Flüsse tief ins Landesinnere ein.*

Wenn der Fränkische Staat den ›Großen Wikingersturm‹ nach schrecklichen Blutopfern schließlich überstand, so verdankte er das nicht zuletzt der Beweglichkeit und Kampfkraft seiner Panzerreiter, denen es immer wieder gelang, den unberechenbaren Feind zu überraschen, zu stellen und zu vernichten.

*Der ›große Wikingersturm‹ im 9. Jahrhundert war für die fränkischen Panzerreiter eine harte Bewährungsprobe. Hier überraschen sie eine Gruppe von Plünderern, die ein Dorf ausgeraubt und danach angezündet haben.*

Zu Beginn des 10. Jahrhunderts verebbte der ›große Wikingersturm‹. Doch kaum war an dieser Front halbwegs Ruhe eingekehrt, da erwuchs dem christlichen Abendland im Südosten ein nicht minder schrecklicher Feind. Aus ihrer neuen Heimat im Donaubecken brachen ungarische Reiterarmeen zuerst in Norditalien, dann in Süddeutschland ein. Wohin die schwarzhaarigen Teufelsreiter auf ihren schnellen Pferden auch kamen, überall hinterließen sie Tod und Verwüstung. Panische Angst breitete sich aus, als die wilden Horden ihre Raubzüge immer weiter ausdehnten. Mehrfach tauchten sie an der Nordseeküste auf: in Friesland, Holland und Flandern. Schließlich erreichten sie, nach einem Gewaltritt von mehr als 3000 Kilometern sogar Südfrankreich.

Und wieder waren es Panzerreiter, diesmal deutsche Panzerreiter, die sich den siegesgewohnten Eindringlingen in den Weg stellten. Im Jahre 955 richteten sie auf dem Lechfeld bei Augsburg unter den ungarischen Angreifern ein solches Blutbad an, daß es seitdem an der Grenze im Süden ruhig blieb.

*Deutsche Panzerreiter im Kampf gegen ungarische Reiterkrieger. Damals legte die angreifende Kavallerie die Lanze noch nicht unter die Achsel ein, sondern schwang sie, wie der Krieger in der Bildmitte, hoch über dem Kopf.*

*Die Einfälle der Ungarn ins christliche Abendland während der ersten Hälfte des 10. Jahrhunderts. Wie die Pfeile zeigen, kamen sie dabei bis nach Mittelitalien, zur Nordsee und nach Südfrankreich.*

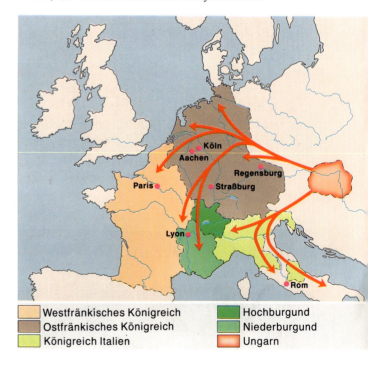

### Wie teuer waren Panzerreiter?

Betrachten wir zuerst die Rüstung! In einer Zeit, in der alles mühsam mit der Hand gemacht werden mußte, vom Ausschmelzen des Metalls bis zum Schmieden jedes einzelnen Panzerplättchens, war eine solche Rüstung etwas ganz Besonderes und dementsprechend teuer. Genaue Angaben darüber macht eine Urkunde, die noch in der Regierungszeit Karls des Großen enstanden ist, also zwischen 768 und 814. Danach kostete ein Helm 6 Kühe, ein Schuppenpanzer 12 Kühe, ein Schwert 7 Kühe, ein Paar Beinschienen 6 Kühe, ein hölzerner Schild und eine Lanze zusammen 2 Kühe. Dazu das Streitroß: 12 Kühe. Macht zusammen 45 Kühe. Oder anders ausgedrückt: Rüstung plus Streitroß eines fränkischen Panzerreiters kosteten zusammen soviel wie der Rinderbestand eines damaligen Dorfes!

Dabei ist diese Aufstellung noch unvollständig. Nicht mitgerechnet sind zum Beispiel der Sattel, die Steigbügel, ein leichtes Pferd, das der Panzerreiter außerhalb des Kampfes als Reisepferd benutzte, ein mit Ochsen bespannter Karren, auf dem er seine Rüstung und seinen persönlichen Bedarf mitführte, dazu Troßknechte, Proviant und vieles andere mehr.

Aber auch damit sind wir noch nicht am Ende unserer Kostenrechnung. Ein Panzerreiter war ja auf seinem Gebiet ein Spezialist. Sein anspruchsvolles Waffenhandwerk, den Kampf zu Pferde mit verschiedenen Waffen, mußte er nicht nur in langen Jahren erlernen, er mußte es wollte er kriegstüchtig bleiben, auch ständig üben. Das aber beanspruchte viel Zeit; Zeit, in der auf irgend eine Weise sein Lebensunterhalt und der seiner Familie sichergestellt werden mußte.

Wir sehen also: Kosten für die Rüstung plus Kosten für die Ausstattung plus Kosten für den Unterhalt machten die Aufstellung einer ganzen Armee von Panzerreitern zu einem schwerwiegenden finanziellen Problem.

### Wie finanzierten die Franken ihre Panzerreiter?

Der *Grundgedanke* bei der Finanzierung der fränkischen Panzerreiter war folgender: Ein Mächtiger, der seinem Landesherrn im Kriegsfalle die Bereitstellung von Panzerreitern schuldete, übertrug einem weniger Mächtigen, der bereit war, als Gefolgsmann in seine Dienste zu treten, einen Teil seiner eigenen Einnahmen zu lebenslanger Nutzung. Als Dank dafür verpflichtete sich der neue Gefolgsmann, seinem zukünftigen Dienstherrn als Panzerreiter zur Verfügung zu stehen oder sogar mehrere Panzerreiter für ihn auszurüsten, wenn die übertragenen Einnahmen dafür ausreichten.

Da im frühen Mittelalter Einnahmen im wesentlichen Einnahmen aus Landbesitz waren, bestand eine solche Vereinbarung praktisch in einer Übereignung von Land. Dazu schloß der Mächtige mit seinem künftigen Gefolgsmann einen Vertrag, in dem er diesem aus seinen meist riesigen Besitzungen ein großes Stück Bauernland mit Gutshof, Dörfern, Menschen, Vieh, Mühlen und allem, was sonst noch dazu gehörte, als sogenanntes ›Lehen‹ anvertraute. Eine Vermögensausleihe in Form von Land also, die den Lehnsnehmer – oder, wie der Fachausdruck lautet: den ›Vasallen‹ – in die Lage versetzte, von seinem neuen Einkommen sich selbst und gegebenenfalls weitere Männer als Panzerreiter auszurüsten und im Kriegsfalle seinem ›Lehnsherrn‹ zuzuführen.

Zusammenfassend kann man also sagen: Die Franken (und später alle mittelalterlichen Staaten) finanzierten ihre Panzerreiter mit Hilfe von *Lehnsverträgen* zwischen *Lehnsherren* und *Vasallen,* wobei letztere sich als Gegenleistung für die Übertragung von *Lehen* verpflichten mußten, Kriegsdienste als Panzerreiter zu tun.

**Welche Rechte und Pflichten begründete der Lehnsvertrag?**

Wir haben den Lehnsvertrag bisher nur als ein Verfahren betrachtet, mit dem die Franken und später mittelalterlichen Staaten, ihre teuren Panzerreiter (die späteren Ritter) finanzierten. Ein Lehnsvertrag war aber sehr viel mehr; er war ein Vertrag, der beiden Vertragspartnern, dem Gebenden ebenso wie dem Nehmenden strenge Pflichten auferlegte und so trotz aller Rangunterschiede eine lebenslange enge Beziehung zwischen ihnen begründete. Man kann die unverwechselbare Denkweise und Moral der Ritter nicht verstehen, wenn man diese besondere Beziehung zwischen Lehnsherrn und Vasall nicht versteht.

Betrachten wir zunächst die Pflichten des Lehnsherrn. Er schuldete seinem Vasallen dreierlei:

Erstens *Achtung*. Das bedeutete: der Lehnsherr mußte den Vasallen, obwohl dieser sein Untergebener war, so behandeln, wie es einem freien Mann zukam. Er durfte ihn nicht schlagen, mußte sein Ansehen wahren, durfte seine Frau oder seine Töchter nicht belästigen – und so fort.

Zweitens *Schutz*. Das bedeutete: der Lehnsherr mußte seinen Vasallen jederzeit zur Hilfe kommen, wenn dieser angegriffen wurde. Er mußte ihm sein persönliches Eigentum garantieren. Und er mußte ihn gegebenenfalls vor dem königlichen Gericht verteidigen.

Drittens *Unterhalt*. Das bedeutete: der Lehnsherr mußte seinem Vasallen die Nutzung seines Lehens garantieren und ihn, wenn nötig, mit weiteren Einnahmen ausstatten, damit er seine Vasallenpflichten auch erfüllen konnte.

Umgekehrt hatte der Vasall seinem Lehnsherrn gegenüber folgende drei Pflichten:

Erstens *Achtung*. Das bedeutete: der Vasall schuldete seinem Lehnsherrn eine Reihe von Ehrendiensten. Dazu gehörten das Halten des Steigbügels, die Begleitung bei festlichen Anlässen, der Dienst bei der Festtafel (z. B. als Mundschenk) und anderes.

Zweitens *Rat*. Das bedeutete: der Vasall mußte an den Ratsversammlungen teilnehmen, die der Lehnsherr an seinem Wohnsitz einberief. Und er mußte im Namen des Lehnsherrn über dessen unfreie Untertanen Recht sprechen.

Drittens *Hilfe*. Das bedeutete: der Vasall mußte allein oder mit einigen seiner Männer als Panzerreiter (später: als Ritter) auf

*Ein Vasall schuldete seinem Lehnsherrn eine Reihe von Ehrendiensten. Dazu gehörte auch, wie hier dargestellt, der Dienst an der Festtafel.*

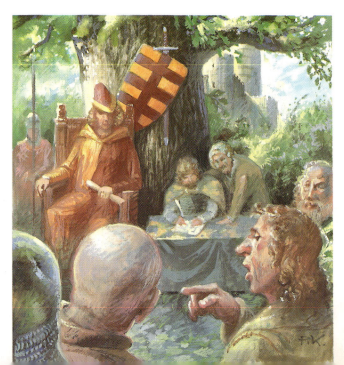

*Ein Vasall war auch verpflichtet, für seinen Lehnsherrn Gericht zu halten, wenn dieser das Amt nicht selbst ausüben wollte oder konnte.*

Anforderung zur Heerfahrt antreten. Er mußte dem Lehnsherrn notfalls seine Burg zur Verfügung stellen. Und er mußte zum Lösegeld beisteuern, falls sein Lehnsherr in Gefangenschaft geriet.

Betrachtet man ein solches Lehnsverhältnis zusammenfassend aus der Sicht des Lehnsherrn, dann kann man sagen: Für den Lehnsherrn war der Vasall zwar ein Untergebener, dennoch war er zu behandeln wie ein Mann von Ehre. Versetzt man sich dagegen in die Lage des Vasallen, so gilt: er schuldete seinem Lehnsherrn Ehrerbietung, aber ohne Unterwürfigkeit; vor allem aber schuldete er ihm Treue bis zum Tod. Hier, im Lehnsvertrag, haben wir also die Quelle für die erste und vornehmste aller Rittertugenden: die *Tugend der unverbrüchlichen Treue.*

Der Abschluß eines Lehnsvertrages mit seinen weitreichenden Folgen für beide Seiten war ein ernstes und festliches Ereignis. Dazu lud der Lehnsherr (wir wollen ihn Graf Edulf nennen) seine Vasallen und die Würdenträger der Umgebung an seinen Hof ein. In der folgenden Schilderung sind alle wörtlichen Zitate zeitgenössischen Quellen entnommen – mit Ausnahme der frei dazugesetzten Namen.

**In welcher Form wurde ein Lehnsvertrag geschlossen?**

Zu Beginn der Zeremonie nahm der Graf auf einem Thronsessel Platz und bedeutete dem künftigen Vasallen (er mag hier Sico heißen), vor ihm niederzuknien. Dann eröffnete er den förmlichen Rechtsakt mit einer Frage: »Willst du, Sico, von nun an ohne jeden Vorbehalt mein Gefolgsmann sein?« Darauf Sico: »Das will ich.«

Dieser Absichtserklärung folgte nun der eigentliche Vertragsabschluß, die sogenannte ›Kommendation‹. Dabei umschloß der Graf die Hände des vor ihm Knienden mit seinen Händen, während dieser ihm das Treue-Versprechen gab: »Bei meiner Treue verspreche ich, meinem Herrn, dem sehr frommen Grafen Edulf, ein treuer Gefolgsmann zu sein und ihm meine Mannschaft (das heißt: meine Vasallentreue) unwandelbar zu erhalten, aufrichtig und ohne Trug.« Daraufhin der Graf: »So nehme ich dich, Sico, als meinen Gefolgsmann an.« – Die Kommendation besiegelten die Vertragspartner mit einem Kuß.

Zum Schluß bekräftigte der neue Vasall sein Treue-Versprechen vor Gott durch einen heiligen Eid. Mit der Hand auf der Reliquie eines verstorbenen Heiligen

*Wenn im Mittelalter ein Krieg bevorstand, mußte ein Vasall seinem Lehnsherrn Heeresfolge leisten. Das heißt: er mußte sich als Panzerreiter (später als Ritter) ausrüsten und – je nach Vereinbarung – mit Gefolge, Waffen und Proviant pünktlich am angegebenen Treffpunkt sein.*

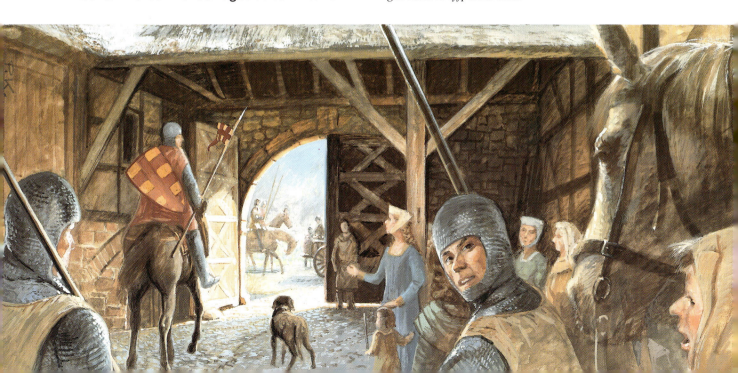

*Diese Abbildung aus dem ›Sachsenspiegel‹, einem mittelalterlichen Rechtsbuch, stellt den Abschluß eines Lehnsvertrages dar. Bei der Zeremonie legt der zukünftige Vasall seine Hände zwischen die des Lehnsherrn. Mit drei weiteren symbolischen Händen zeigt er auf sich selbst und auf sein Lehnsgut, das der Maler des Bildes hier nur durch Getreidehalme angedeutet hat.*

sprach er: »Durch diesen Eid schwöre ich, meinem Herrn, dem sehr frommen Grafen Edulf, treu zu sein, wie ein Vasall seinem Herrn treu zu sein hat zur Erhaltung seines Besitzes und zur Wahrung seines Rechts. Und ich will und werde diesen von mir geschworenen Eid halten, so wie ich es weiß und verstehe, von diesem Tage an, so wahr mir Gott, der Schöpfer des Himmels und der Erde, und diese heiligen Reliquien helfen.«

Bevor wir diese Fragen beantworten, müssen wir die Begriffe ›frei‹ und ›unfrei‹ klären. Frei war im frühen Mittelalter ein Mensch, dessen Dienstherr nicht zugleich sein Richter war. Für Freie war vielmehr ein übergeordnetes Gericht zuständig; ein Gericht, das der Landesherr eingesetzt hatte. Dagegen waren für den Unfreien Dienstherr und Richter dieselbe Person. Unfrei zu sein bedeutete demnach eine sehr starke Abhängigkeit vom jeweiligen Dienstherrn, dem die Gerichtshoheit auf seinem Gebiet naturgemäß eine große Macht verlieh.

**Waren alle Vasallen freie Männer oder gab es darunter auch Unfreie?**

Betrachtet man unter diesem Gesichtspunkt unsere Ritterfilme und Ritterbücher, dann erscheint einem die Frage, ob es auch unfreie Vasallen (also auch unfreie Ritter) gegeben habe, zunächst unverständlich. Denn unsere Film- und Abenteuerbuch-Ritter sind ja ausnahmslos auserlesene Menschen: reich, stolz, unabhängig und auch als Gefolgsleute eines hohen Herrn letzten Endes nur sich selbst verantwortlich. Kurzum: Sie sind geradezu der Inbegriff von Freiheit.

Die Wirklichkeit sah anders aus. Zwar waren im Kernland des Fränkischen Reiches, dem späteren Frankreich, die meisten der frühen Ritter tatsächlich freie Vasallen. Ihr Lehnsherr war also nicht zugleich ihr Richter, und das garantierte ihnen eine gewisse Eigenständigkeit. Im Ostfränkischen Reich dagegen, dem späteren Deutschland, gab es diese Eigenständigkeit kaum. Denn hier achteten Könige, Herzöge und Grafen streng darauf, daß ihre Macht durch die Vergabe von Lehen nicht mehr als unbedingt nötig eingeschränkt wurde. Deshalb belehnten sie am liebsten ihre unfreien Dienstleute: einen Gutsverwalter zum Beispiel, einen Burgvogt, einen Gestütsleiter oder auch einmal einen vertrauenswürdigen Handwerker. Für die war die Übernahme eines Lehens selbstverständlich eine große Auszeichnung und steigerte ihr Ansehen. Trotzdem blieben sie auch als Vasallen Unfreie, über denen die Gerichtshoheit ihres Herrn wie eine immerwährende Drohung schwebte.

Solche unfreien Vasallen nannte man ›Ministerialen‹. Sie bildeten den Großteil der deutschen Panzerreiter und späteren Ritter. Ministerialen konnten, wenn sie auf ihrem Lehen gut wirtschafteten, wohlhabend, ja reich werden. Mit Zustimmung ihres Lehnsherrn konnten sie sich sogar eine Burg bauen und dort ein Herrenleben führen. Trotzdem blieben die meisten von ihnen ein Leben lang Unfreie und also Ritter minderen Standes.

**Welchen Ruf hatten die frühen Ritter bei der Kirche und im Volk?**

Eigentlich sollte man glauben, die fränkischen Panzerreiter und die aus ihnen hervorgegangenen frühen Ritter, die ja so tapfer kämpften, wenn es galt, die Christenheit gegen Mohammedaner, Wikinger, Ungarn und andere Feinde zu verteidigen, seien vom Volk als Retter der Heimat dankbar verehrt worden. Doch das Gegenteil war der Fall: man fürchtete diese Art von Verteidiger wie die Pest.

*Ritter aus der Sicht einer Zeitgenossin: Weil sie aus Streitlust und Beutegier die Friedensgebote Gottes ständig verletzen, werden sie dereinst in der Hölle schmoren. Die lateinische Aufschrift auf dem Rand des Kessels lautet: ›armati milites‹, das heißt: ›bewaffnete Ritter‹ (Buchmalerei aus dem ›Lustgarten‹ der Äbtissin Herrad von Landsberg, entstanden um 1180).*

Aus gutem Grund! Denn zu Hause, auf ihren Landgütern, waren die Gepanzerten alles andere als brave, selbstlose Männer. Vielmehr nutzten sie die chaotischen Verhältnisse während des ›Wikingersturms‹ und die Schwäche der oftmals erbärmlichen fränkischen Könige rücksichtslos zu privaten Kleinkriegen aus – eine Quelle unendlichen Elends für die Landbevölkerung, die unter den blutigen Auseinandersetzungen ihrer Beschützer am meisten zu leiden hatte. Ohne Umschweife nennt ein angesehener Mittelalter-Forscher deshalb die französischen Ritter des 9. bis 11. Jahrhunderts »eine Horde von Draufgängern, die nur Erfolg und Faustrecht anerkannten«.

Erst als die Regierungen der Staaten, die aus der Teilung des Frankenreichs hervorgegangen waren, stark genug waren, um im Inneren härter durchzugreifen, wurden die Verhältnisse erträglicher. Doch ganz ausrotten konnten selbst mächtige Könige und Fürsten das Faustrecht in ihrem Herrschaftsbereich nicht. In einem Buch, das im Jahre 1128 erschien, nannte der berühmte französische Abt und Ordensgründer Bernhard von Clairveaux (1091–1153) die Ritter seines Landes mit einem lateinischen Wortspiel »non militia sed malitia«: »keine Ritter, sondern ein Übel«. Und 70 Jahre später redete der Mönch und Philosoph Alanus von Lille (um 1120–1202) den Gewalttätigen von der Kanzel herab ins Gewissen: »Aus Rittern sind jetzt Beutejäger und Wegelagerer geworden. Was sie da treiben, ist kein Kriegsdienst mehr, sondern Raub. Unter dem Deckmantel des Ritters üben sie sich in der Grausamkeit eines Strauchdiebs. Statt gegen die Feinde zu kämpfen, wüten sie unter den Armen. Die sie mit dem Schild der... Verteidigung beschützen sollen, verfolgen sie mit dem Schwert ihrer Wildheit. ... Indes, Leute, die die Waffen erheben um zu plündern, sind keine Ritter mehr, sondern Räuber und Diebe. Keine Verteidiger, sondern Angreifer.«

**Wie versuchte die Kirche, die Moral der frühen Ritter zu heben?**

Während des 10. Jahrhunderts ging von dem in Südfrankreich gelegenen Benediktinerkloster Cluny (gegründet 911) eine große Erneuerungsbewegung aus, die im Abendland zu einem vertieften Verständnis der christlichen Lehre und zu einer Reihe von Reformen führte, mit denen die Kirche zum ersten Mal auch als weltlicher Gesetzgeber auftrat. Eine solche Reform war die Verkündigung des sogenannten ›Gottesfriedens‹ – eine Maßnahme, die vor allem gegen die Willkür und Brutalität der frühen Ritter gerichtet war.

›Gottesfrieden‹ (lateinisch: Pax Dei) – das bedeutete: jedermann, der nicht aus der Kirche ausgeschlossen und nach seinem Tode der ewigen Verdammnis anheimfallen wollte, mußte von nun an seine Friedenspflicht als Christ streng beachten. Unter dem besonderen Schutz des ›Gottesfriedens‹ standen fortan: Kirchen, Kapellen, Wallfahrtsorte, Gasthäuser, Märkte, Furten und Straßen. Und weiter: Priester, Mönche, Pilger, Frauen und reisende Kaufleute.

Eine besondere Form des ›Gottesfriedens‹ war der ›Gottes-Waffenstillstand‹ (lateinisch: Treuga Dei). ›Gottes-Waffenstillstand‹ bedeutete, daß der Gebrauch von Waffen zu genau festgelegten Zeiten streng verboten war, zum Beispiel während der Fasten- und Osterzeit, oder in der Advents- und Weihnachtszeit, ferner in jeder Woche zwischen Mittwoch abend und Montag morgen.

Um den ›Gottesfrieden‹ im allgemeinen und den ›Gottes-Waffenstillstand‹ im besonderen durchzusetzen, drohte die Kirche nicht nur mit dem Gericht Gottes und ewigen Höllenstrafen, sie rief auch die Anständigen und Frommen unter den Rittern auf, ihr bei ihren Friedensbemühungen zur Hilfe zu eilen, notfalls mit der Waffe in der Hand.

Das war eine ganz neue Haltung, denn bis

*Der Waffensegen durch einen Priester sollte den Ritter daran erinnern, daß er als Christ diese geweihten Waffen nur für Gott, die Kirche oder eine gerechte Sache erheben durfte.*

dahin hatte die Kirche jeden Gebrauch von Waffen verdammt, auch wenn er in guter Absicht geschah. Jetzt aber erklärte sie: ein Ritter, der in einen gerechten Kampf ziehe, zum Beispiel gegen solche, die den ›Gottesfrieden‹ mißachteten, sei kein Friedensbrecher, sondern ein Vorkämpfer für die Sache Gottes.

Diese folgenschwere Kehrtwendung der Kirche veränderte das Selbstverständnis der frühen Ritter von Grund auf. Denn von nun an stand jedem Ritter eine ganz ungewohnte Laufbahn offen: die eines Glaubenskämpfers, der mit dem ausdrücklichen Segen der Kirche das bisher Unvereinbare miteinander verbinden konnte, nämlich kämpfen und Gutes tun. Damit hatte die Kirche ein neues Ideal geschaffen: das *Ideal des ›christlichen Ritters‹*.

Sie machte das auch augenblicklich deutlich. Zum Beispiel dadurch, daß sie fortan Ritter, die in einen gerechten Kampf ziehen wollten, sowie ihre Schwerter und Fahnen mit dem kirchlichen Segen ausstattete. Vor allem aber ließ sie bedeutende Gottesgelehrte verbindliche Regeln aufstellen, an denen man den ›christlichen Ritter‹ fortan erkennen sollte. Einer dieser Gelehrten war Bischof Bonizo von Sutri (geboren um 1045, gestorben zwischen 1090 und 1095). In seinem »Buch über das christliche Leben«, umriß er das Idealbild des ›christlichen Ritters‹ so: »Es ist die besondere Sache der Ritter, ihren Herren ergeben zu sein, nicht nach Beute zu streben, zum Schutz des Lebens ihres Herrn das eigene Leben nicht zu schonen, für das Wohl des Staates bis zum Tode zu kämpfen, Glaubensfeinde und Ketzer zu bekriegen, Arme, Witwen und Waisen zu verteidigen, die gelobte Treue nicht zu brechen und ihrem Herrn nicht meineidig zu werden.«

Man erkennt unschwer, worauf der Gottesmann hinauswollte: seine Vorstellung vom guten Ritter verknüpfte das alte Ideal der Vasallentreue mit dem neuen Ideal des Kampfes für Gerechtigkeit und Glauben. Beides zusammen aber ergab den neuen, den ›christlichen Ritter‹.

Am 27. November des Jahres 1095 rief Papst Urban II. (1088 – 1099) in der mittelfranzösischen Stadt Clermont (heute: Clermont-Ferrand) die abendländische Christenheit zu einem kühnen Unternehmen auf: Fürsten und Ritter und mit ihnen alle wehrfähigen Männer sollten sich alsbald bewaffnen und schon im kommenden Jahr ins ferne Palästina aufbrechen, um die heilige Stadt Jerusalem, in der Christus gelehrt und gelitten hatte, und die übrigen heiligen Stätten von ihren islamischen Bedrückern zu befreien. »Ich sage das den hier Anwesenden«, so der Papst in seiner Ansprache, »und ich werde es auch den Abwesenden kundtun. Aber in Wahrheit ist es Christus selbst, der euch (durch meinen Mund) befiehlt.« Und weiter: »Wenn diejenigen, die dort hinunterziehen, ihr Leben verlieren, ... so werden ihnen in derselben Stunde ihre Sünden vergeben werden – das gewähre ich in der Vollmacht Gottes, die mir verliehen wurde.«

**Was bedeuteten die Kreuzzüge für das Selbstverständnis der Ritter?**

Der mit Jubel aufgenommene Aufruf des Papstes eröffnete das Zeitalter der Kreuzzüge, das zwei Jahrhunderte (von 1096 bis 1291) dauern sollte. In diesem Zeitraum machten sich unter der Parole »Deus le vult« (»Gott will es so«) mehr als eine Million Soldaten und Pilger auf den Weg ins Heilige Land. Für jeden zweiten von ihnen war es eine Reise ohne Wiederkehr: Seuchen, Naturkatastrophen und Krieg rafften die Menschen dahin. Und auch politisch war das gigantische und sündhaft teure Unternehmen eine Katastrophe: nichts von dem, was die Christen im ersten Ansturm erobert hatten, konnten sie auf Dauer behaupten.

Für die Entwicklung des Rittertums aber bedeuteten die Kreuzzüge einen letzten, entscheidenden Schritt. Denn mit seinem Appell hatte der Papst als Stellvertreter Christi auf Erden dem Ideal des christlichen Ritters neuen Glanz verliehen. Sein Aufruf zum Kreuzzug hatte der weithin verwilderten abendländischen Ritterschaft endlich ein allgemein anerkanntes Ziel für ihre kriegerischen Gelüste aufgezeigt und sie so mit neuem Selbstvertrauen erfüllt.

Was die Kreuzzüge im einzelnen zur Vollendung des Idealbildes vom christlichen Ritter beitrugen, kann man in drei Punkten zusammenfassen:

*Die Karte zeigt die sieben großen Feldzüge von Westeuropa nach Palästina und Nordafrika, die wir als ›Kreuzzüge‹ bezeichnen. Die Kreuzzüge machten aus gewöhnlichen Rittern, wenn sie dem Ruf des Papstes folgten und die bewaffnete Wallfahrt ins Heilige Land antraten, ›Kreuzritter‹.*

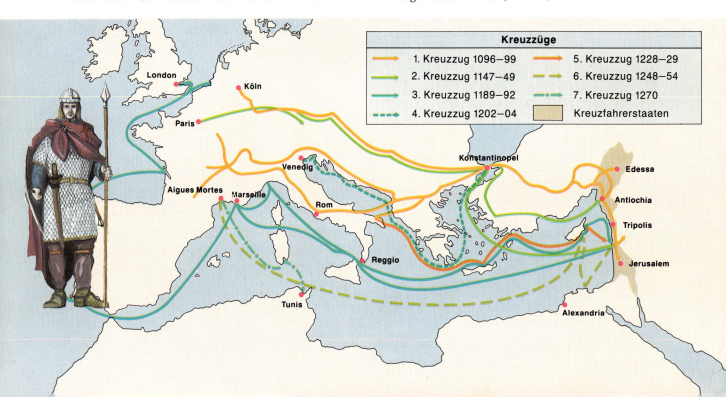

*Ein zeitgenössisches Bild, in dem das Selbstverständnis des christlichen Ritters während der Kreuzzüge besonders gut zum Ausdruck kommt: Christus selbst, mit dem heiligen Evangelienbuch in der Hand und einem Schwert im Mund, führt ein Ritterheer zum Kampf gegen die Ungläubigen (Buchmalerei aus einer englischen Handschrift der ›Geheimen Offenbarung des Johannes‹, Anfang des 14. Jahrhunderts).*

*Erstens* hatte der Aufruf des Papstes zum Heiligen Krieg die Ritterschaft so stark aufgewertet, daß nun auch Grafen, Herzöge und selbst Könige und Kaiser an diesem Ruhm teilhaben wollten. Vor den Kreuzzügen hätte keiner von ihnen auch nur im entferntesten daran gedacht, sich mit ihren rangniederen Vasallen in eine Front zu stellen. Jetzt aber hatte der Papst Christus selbst zum obersten Lehnsherrn aller Kreuzfahrer erklärt. Das schuf eine neue Situation, denn Vasall Christi zu sein, war auch für ein Mitglied des Hochadels keine Schande. Und so kam es, daß unter den Kreuzrittern, unabhängig von ihrem gesellschaftlichen Rang, eine Art von Brüderlichkeit entstand, auch wenn der tatsächliche Abstand zwischen ihnen dadurch nicht aufgehoben wurde. Als Streiter Christi aber verfolgten jetzt alle eine gemeinsame Aufgabe, und also entwickelte sich auch ein gemeinsames Gefühl der Verantwortung und des Stolzes.

Der Beitritt des Adels zum Ritterstand hatte weitreichende Folgen. Denn dadurch fiel auf die gesamte Ritterschaft ein Glanz von Macht und Ansehen. Und das wiederum veranlaßte die niederen Ritter, den Lebensstil der Vornehmen so weit wie möglich nachzuahmen. Mit einem Wort: man näherte sich einander an.

*Zweitens* schufen die Kreuzzüge den christlichen Ritter in seiner reinsten Form: den geistlichen Ritter. Geistliche Ritter waren Männer, die einem geistlichen Ritterorden beitraten und dort, nach einer Probezeit, die ewigen Gelübde ablegten. Diese Gelübde verpflichteten sie nicht nur zum Kampf gegen die Ungläubigen, sondern auch zu den alten Mönchstugenden: Armut, Keuschheit und Gehorsam. Geistliche Ritter waren demnach kämpfende Mönche.

Während der Kreuzzüge entstanden im Heiligen Land drei große geistliche Ritterorden: die Johanniter (gegründet 1099), die Templer (gegründet 1119) und der Deutsche Orden (gegründet 1190). In ihnen sammelte sich die Elite des europäischen Adels. Wegen ihrer sprichwörtlichen Tapferkeit und Frömmigkeit waren die geistlichen Ritterorden – jedenfalls in der Anfangszeit – Gegenstand allgemeiner Bewunderung und Verehrung und damit

*Drei zum Kampf gerüstete geistliche Ritter der Kreuzzugszeit. Hinten links ein Ritter des Deutschen Ordens mit schwarzem Kreuz auf weißem Waffenrock. Rechts daneben ein Johanniter mit weißem Kreuz auf schwarzem Waffenrock. Vorn: ein Templer mit rotem Kreuz auf weißem Waffenrock.*

moralisches Vorbild auch für die weltliche Ritterschaft.

Schließlich und *drittens* bewirkte die Begegnung der Kreuzfahrer mit orientalischer Lebensart eine bemerkenswerte Verfeinerung der Sitten. Von den Mohammedanern lernten die oft rohen und tölpelhaften europäischen Ritter kennen, was es zu Hause nicht oder kaum gab: geschmackvolle Möbel, feine Stoffe und Kleider, zarte und würzige Speisen, die Pflege des Körpers mit warmem Wasser und Duftstoffen, die Kunst des Gesprächs und nicht zuletzt den phantasievollen Umgang mit Frauen und der Liebe. All das brachten sie bei ihrer Heimkehr mit nach Europa und trugen so dazu bei, daß hier eine ritterliche Kultur entstand, die es vorher so nicht gegeben hatte.

**Was bedeutete ›Rittertum‹ in seiner Blütezeit?**

Die Entwicklung des Rittertums, wie wir sie auf den vorangehenden Seiten verfolgt haben, erreichte zwischen 1180 und 1250 (in der Zeit der Kreuzzüge also) ihren Höhepunkt. Wenn jetzt in Dichtungen oder Dokumenten von ›Rittern‹ die Rede war, dann waren damit nicht einfach gepanzerte Krieger zu Pferde gemeint, sondern ganz bestimmte und unverwechselbare Gestalten. Unverwechselbar nicht im Hinblick auf Herkunft, Vermögen, politischen Einfluß oder gesellschaftliche Beziehungen – da gab es große Unterschiede: vom König bis zum unfreien Ministerialen! Ausschlaggebend war etwas anderes: ein Ritter unterschied sich vom Nicht-Ritter durch bestimmte Lebensinhalte, Ziele, Ideale und Wunschträume, denen er sich verpflichtet fühlte und nach denen er sein Leben einrichtete.

Wir wollen diese über Jahrhunderte gewachsenen Lebensinhalte, Ziele, Ideale und Wunschträume, das sogenannte ›ritterliche Tugendsystem‹, hier noch einmal kurz zusammenfassen, und zwar in der Reihenfolge, in der es entstanden ist. Dann ergeben sich drei Gruppen von Rittertugenden:

Erstens – *Tugenden, die aus dem Lehnswesen stammen:* dem Dienstherrn treu sein; den schuldigen Gehorsam und Respekt beachten; tapfer sein.

Zweitens – *Tugenden, die aus dem Christentum stammen:* christliche Heiligtümer, Priester, Mönche und Nonnen beschützen; Wehrlose und Schwache verteidigen; Ungläubige und Ketzer bekämpfen; nicht nach Beute gieren; gegen Arme freigebig sein; Kranken beistehen; ein gottgefälliges Leben führen.

Und drittens – *Tugenden, die aus dem Aufblühen des kulturellen Lebens stammen:* maßvoll und besonnen handeln; ausgeglichen und gelassen sein; stetig und beharrlich das angestrebte Ziel verfolgen; Großmut und Freigebigkeit zeigen; sich gegen jedermann höflich benehmen; wohlerzogen auftreten; sich gegen Frauen ehrerbietig betragen.

Ein solches Tugendsystem stellte an die Ritter höchste Anforderungen – zu hohe für Menschen aus Fleisch und Blut. Und doch hat der Traum vom Rittertum als einer tapferen, frommen und verfeinerten Lebensform die Menschen im Mittelalter begeistert, angespornt und geprägt. Die strahlenden Ritter der großen Heldenlieder: König Artus, Parzival, Roland, Dietrich von Bern und andere waren in aller Munde – und Vorbild der Besten ihrer Zeit. Die Kirche aber förderte, wie wir gesehen haben, diese Entwicklung des Rittertums nach Kräften. Ja, sie ging schließlich so weit, das Rittertum für eine von Gott selbst

*Christus überträgt den drei Ständen des Hohen Mittelalters ihre Aufgaben; dem geistlichen Stand unter Führung des Papstes (linke Gruppe): ›Tu supplex ora‹ (›Du sollst mit Inbrunst beten‹); dem Adels- und Ritterstand unter Führung des Kaisers (rechte Gruppe): ›Tu protege‹ (›Du sollst beschützen‹), und dem Bauernstand (untere Gruppe): ›Tuque labora‹ (›Und du sollst arbeiten‹) (Holzschnitt aus einem Astrologie-Buch von 1488).*

gewollte und deshalb geheiligte Einrichtung zu erklären. Ursprünglich hatte sie gelehrt, die Christenheit sei in nur zwei Stände geschieden: in Geistliche (Bischöfe, Priester, Mönche) und Laien (das waren alle übrigen). Jetzt aber verkündete sie eine neue, eine Drei-Stände-Ordnung, bestehend aus Geistlichen (ihre Aufgabe war es, zu beten), Rittern (ihre Aufgabe war es, zu schützen) und Bauern (ihre Aufgabe war es, zu arbeiten). Eine größere Anerkennung konnte die Ritterschaft nicht mehr erfahren. Durch den Mund der Kirche hatte Gott selbst sie eingesetzt – zum Schutze seiner ewigen Weltordnung!

# Die Welt des Ritters

**Wie wurde der Ritter erzogen?**

Die Erziehung des Ritters begann früh, war hart und dauerte lange. Schon im Alter von sieben Jahren wurde aus dem Kind der ›Page‹, was bedeutete, daß der Knabe aus der Obhut der Frauen in die Schule der Männer überging.

In der Pagen-Ausbildung spielte der Umgang mit den ritterlichen Waffen zunächst nur eine untergeordnete Rolle. Denn zuvor hatte der Knabe das Ritter-ABC zu erlernen: Reiten, Schwimmen, Bogenschießen (für die Jagd), Faustkampf und Vogelfallen aufstellen. Das Einüben dieser Fertigkeiten fand unter den Augen des Vaters, der Brüder oder eines bestellten Erziehers statt.

Dann, im Alter von vierzehn Jahren, mußte der Page das Elternhaus verlassen, um – nun als ›Knappe‹ – seine Ausbildung bei einem anderen Ritter fortzusetzen. Als Ausbildungsstätten für Knappen besonders beliebt waren die Fürstenhöfe, denn dort war nicht nur das Kampf- und Sporttraining besonders vielseitig, dort konnte ein hoffnungsvoller junger Mann auch leichter Aufmerksamkeit erregen und rascher Karriere machen.

Ziel der Knappen-Ausbildung war es, den vollkommenen Ritter heranzubilden. Dabei lag das Hauptgewicht naturgemäß auf den verschiedenen Kampftechniken. Geübt wurden vor allem die Treffsicherheit beim Anrennen mit der Lanze sowie der Kampf mit Schwert, Streitkolben oder Streitaxt, wobei die Ausbilder Wert darauf legten, daß der Knappe diese Waffen mit beiden Händen gleichgut handhaben konnte.

Indes lernte der Jüngling nicht nur kämpfen. Von ihm wurde auch erwartet, daß er seine Manieren verfeinerte. Ein wohlerzogener Knappe mußte »tanzen und hofieren können; auch muß er das Bredspiel (Brett-

*Zu Füßen einer Burg üben Knappen unter den Augen erfahrener Lehrer den Umgang mit Kriegs- und Jagdwaffen. Vorn: Schießen mit Bogen und Armbrust. Im Hintergrund: Angriff mit eingelegter Lanze auf eine Stechpuppe.*

spiel) verstehen und alles, was ihn noch zieren mag.« Besondere Schwierigkeiten scheint manchem das gute Benehmen bei Tisch gemacht zu haben, denn ein damals viel benutztes Erziehungsbuch ermahnt die künftigen Ritter eindringlich, doch bitte mit dem eigenen Löffel zu essen, nicht zu rülpsen, sich nicht ins Tischtuch zu schnäuzen und angebissenes Brot oder abgenagte Knochen nicht in die Schüssel zurückzulegen. Und die Ausführungen schließen mit dem vielsagenden Hinweis »Wer gerade Essen im Munde hat, der trinke nicht wie ein Vieh«.

Nicht selten endete das Leben des Knappen tragisch. Zwar war er noch kein richtiger Krieger, aber er hatte doch die Pflicht, seinen Herrn im Kampf zu begleiten, durfte ihm im Getümmel nicht von der Seite weichen und mußte mutig dazwischen gehen, wo tödliche Gefahr drohte. Die Folge dieser früh eingeschärften Treuepflicht war, daß so mancher Knappe einen frühen Heldentod starb.

**Wie wurde der Knappe in den Ritterstand aufgenommen?**

Hatte ein Knappe seine militärischen Fähigkeiten voll entwickelt und hatte er auch seine Charakterfestigkeit unter Beweis gestellt, dann konnte er zum Ritter ›promoviert‹ (befördert) werden. Das geschah durch die sogenannte ›Schwertleite‹. In der Regel war der Knappe zu diesem Zeitpunkt etwa 21 Jahre alt.

Ursprünglich bestand die Schwertleite nur in der Übergabe der ritterlichen Waffen durch den Vater, den Vormund, einen Verwandten oder Freund. Im Laufe der Zeit aber entwickelte sich daraus eine religiöse Zeremonie, in der das Selbstverständnis des christlichen Ritters seinen feierlichen Ausdruck fand.

Die Zeremonie begann am Vortag mit einem rituellen Bad: eine altehrwürdige Erinnerung an die notwendige Abwaschung der Sünden. Den so Vorbereiteten

*Die Nacht vor der Schwertleite verbrachte der Knappe betend vor dem Altar. Den Kopf von einer Kapuze verhüllt wie ein Mönch, bat er Gott um Beistand und um rechte Einsicht in seine zukünftigen Pflichten als christlicher Ritter.*

bettete man auf ein weißes Lager: eine Verheißung des ewigen Friedens, der den christlichen Ritter dereinst im Paradies erwartete. Dann der festliche Zug zur Kirche, wo der Knappe in langem, dunklem Mantel, den Kopf von einer Kapuze verhüllt, die Nacht betend vor dem Altar verbrachte. Diese dem Mönchsleben nachgestaltete Nachtwache endete im Morgengrauen mit einer Messe.

Danach begann der eigentliche Festtag mit der zeremoniellen Einkleidung. Dabei angelegt wurden: ein rotes Gewand (als Mahnung an die Pflicht, sein Blut für die Kirche zu vergießen), schwarze Strümpfe (als Mahnung an den Tod) und ein weißer Gürtel (als Zeichen für die Keuschheit des Leibes). So angetan, führte man den Knappen in den Festsaal, wo er vom ehrwürdigsten der anwesenden Ritter Waffen und Sporen erhielt: die eigentliche ›Schwertleite‹. Am Ende zog man gemeinsam zur Kirche, wo der Priester über das auf dem Altar liegende Schwert und über den jungen Ritter selbst den kirchlichen Segen sprach.

*Schwertleite auf dem Burghof. Während der zum Ritter erhobene Knappe festlich gekleidet auf einem Podest steht und die Hände betend zum Himmel erhebt, umgürtet ihn der Würdigste der Anwesenden mit dem Schwert. Ein anderer legt ihm die Sporen an. Links von der Gruppe hält einer den Helm des neuen Ritters bereit, rechts steht ein weiterer mit seinem Schild und seiner Lanze, an der ein Wimpel befestigt ist.*

Unabhängig davon, ob die Schwertleite im Einzelfalle nun einfach oder zeremoniell begangen wurde – immer war sie ein Freudenfest, das man mit einer Festtafel, Musik und Tanz feierte. Und selbstverständlich mit einem Turnier, bei dem der junge Ritter zum ersten Mal öffentlich und gegen harte Konkurrenz seinen Mut und sein Können zeigen mußte.

Ein zweites Verfahren, durch das ein Knappe zum Ritter promoviert werden konnte, war der ›Ritterschlag‹. Vermutlich stammt diese Sitte aus Frankreich, wo sie seit Mitte des 13. Jahrhunderts sicher bezeugt ist.

Den Ritterschlag gab es in zwei unterschiedlichen Formen: einer älteren, bei der der Knappe mit der Handkante auf den

*Ein Knappe, der soeben im Kampf seine Bewährungsprobe bestanden hat, wird noch auf dem Schlachtfeld zum Ritter geschlagen. Der Ritterschlag ersetzte in späterer Zeit vielfach die Schwertleite.*

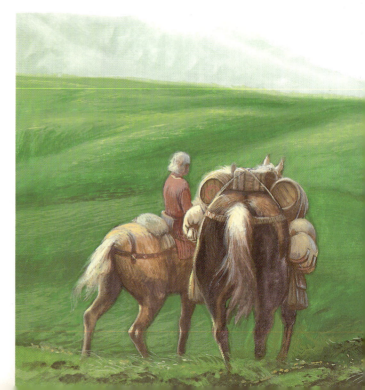

Nacken geschlagen wurde, und einer jüngeren, bei der ein Ritter die linke Schulter des vor ihm Knienden mit der Schwertklinge berührte. Der Schlag mit der Klinge hat einen ausgesprochen kriegerischen Charakter, und tatsächlich wurden Knappen so vor allem auf dem Schlachtfeld zu Rittern geschlagen: vor dem Kampf als Ansporn, oder nach errungenem Sieg als Belohnung.

**Was machte der junge Ritter nach der Schwertleite?**

Für einen jungen Mann, der weder ein reiches Erbe zu erwarten hatte noch über einflußreiche Verwandte oder Freunde verfügte, war das eine lebenswichtige Frage. Eine verlockende Antwort darauf fand er in den weitverbreiteten und beliebten Heldenliedern und Ritterromanen. Sie lautete: ein junger Ritter, der auf sich hält, hat sich auf Reisen zu begeben, damit die Welt von seinem Mut, seiner Stärke und seinen Tugenden erfährt; dann wird es ihm an Anerkennung und Lohn nicht fehlen.

Tatsächlich schlugen viele diesen Weg ein, kratzten zusammen, was sie besaßen und ergriffen den Beruf des ›fahrenden Ritters‹. Selbstverständlich spielten dabei Jungmännerträume eine große Rolle. Letzten Endes aber verfolgte jeder dieser fahrenden Jungritter drei ganz klare Ziele:
– man wollte sich an den Höfen der Großen im Turnier hervortun, um durch Preise und Beute seine Barschaft aufzubessern;
– man wollte durch Kühnheit und höfisches Benehmen auf sich aufmerksam machen, um gegen guten Sold in die Gefolgschaft eines hohen Herrn aufgenommen zu werden;
– und am wichtigsten: man wollte, indem man alle seine Vorzüge zur Schau stellte, eine reiche Erbin oder Witwe für sich gewinnen, sie heiraten und fortan das Leben eines Mannes von Ehre und Ansehen führen.

Tatsächlich ging diese typische Jungritter-Rechnung nicht selten auf. Manche aber erreichten ihr Ziel nie und mußten sich mühsam durchschlagen. Wobei sie, auch wenn es ihnen noch so dreckig ging, stets die Fassade eines frei und großzügig lebenden Ritters aufrecht erhalten mußten. Ein glanzloses Dasein auf Kredit und Pump also, das oft genug irgendwo in der Welt im Schlamm eines Schlachtfelds elend endete.

*Ein ›fahrender Ritter‹ (mit blauem Hut und Mantel) unterwegs. Vor ihm führt ein Knappe sein gesatteltes Streitroß am Zügel. Hinter ihm ein Reitknecht mit dem Packpferd.*

## Wie sah die Rüstung eines Ritters aus?

Die Antwort auf diese Frage könnte leicht ein dickes Buch füllen, so vielfältig sind die Rüstungen, die zwischen dem 8. und dem 16. Jahrhundert in Europa entstanden sind. Deshalb wollen wir uns hier auf die große Zeit des Rittertums beschränken (auf die Zeit zwischen 1050 und 1300 also) und dazu noch die Zeit bis zum Jahre 1400 miteinbeziehen. Um dabei die Übersicht nicht zu verlieren, wollen wir diesen Zeitraum im Hinblick auf die Entwicklung der Rüstung ein bißchen schematisch in fünf Stufen einteilen, die so auch in den dazugehörigen Bildern wiederkehren.

*1. Stufe (ca. 1050–1220):* Im Grunde war der Ritter dieser Zeit noch immer der alte fränkische Panzerreiter wie er auf Seite 6 beschrieben wurde. Mit zwei wichtigen Ausnahmen. Erstens wich der alte Schuppenpanzer jetzt endgültig dem Kettenhemd, das vom Kopf bis zu den Knien reichte und durch Kettenstrümpfe ergänzt wurde. Und zweitens bevorzugte man nun Helme mit einem Gesichtsschutz, zuerst in Form eines angeschmiedeten Nasenschutzes, später (seit ca. 1170) auch in Form einer Platte mit Augenlöchern: der sogenannten Barbiere.

*Spitz zulaufender ›Normannenhelm‹ mit Nasenschutz, wie ihn die Ritter im 11. und 12. Jahrhundert bevorzugten. Es ist der gleiche Helm, den die Ritter auf dem Teppich von Bayeux tragen.*

*Ein Ritter legt das Kettenhemd ab. Darunter erscheint sein Unterkleid aus dickem Stoff, das den Druck des schweren Eisengeflechts abpolsterte (Buchmalerei aus einer französischen Bibel-Handschrift des 13. Jahrhunderts).*

*Links: Der sogenannte ›Teppich von Bayeux‹, entstanden zwischen 1066 und 1077, schildert in 58 Szenen und 1515 Figuren die Unterwerfung Englands durch den Normannenherzog Wilhelm, ›den Eroberer‹. Der hier wiedergegebene Ausschnitt aus diesem weltberühmten Kunstwerk zeigt die Ritter des Herzogs, wie sie, ausgerüstet mit Kettenhemd, spitzem ›Normannenhelm‹ und typischem Langschild einen Lanzenangriff reiten.*

**2. Stufe (seit ca. 1220):** Die wichtigste Neuerung dieser Stufe war der vollkommene Schutz des Gesichtes durch den sogenannten Topfhelm, den der Ritter vor dem Kampf über die Kettenhaube seines Kettenhemdes stülpte. Die Einführung dieses Helmungetüms hatte allerdings eine wichtige Konsequenz: fortan wußte niemand mehr, wen er im Getümmel eigentlich vor sich hatte. Um Verwechslungen zu vermeiden, brauchte man also ein Erkennungszeichen. Das war die Geburtsstunde des Wappens: so nennt man die farbigen Zeichen oder Bilder, durch die man den Ritter schon von weitem ausmachen konnte. Wappenzeichen schmückten von nun an den Topfhelm, den über der Rüstung getragenen Waffenrock, den Schild, den Wimpel und die Pferdedecke.

*Dieser Topfhelm aus der Sammlung des Germanischen Nationalmuseums in Nürnberg entstand um 1350 und gehörte einem süddeutschen Ritter.*

*Rechts: Seit der Topfhelm aufkam, der das Gesicht verdeckte, trugen die Ritter auf Helm, Waffenrock, Schild, Pferdedecke und Fahne ein Wappen als Erkennungszeichen (Buchmalerei aus der ›Manessischen Liederhandschrift‹).*

*3. Stufe (seit ca. 1250):* Kettenhemden boten gegen weittragende Pfeile, Armbrustbolzen und Lanzenstiche keinen vollkommenen Schutz. Deshalb verstärkten die Ritter ihre Rüstung, indem sie über dem Kettenhemd noch einen Brustpanzer trugen, der aus Eisenplatten zusammengenietet und der Körperform angepaßt war. Dieser Brustpanzer war der erste Schritt auf dem Weg zur vollständigen Plattenrüstung.

*Marschall Hüglin von Schönegg. Außer dem Brustpanzer trägt der Ritter auch an Schultern und Knien schützende Metallplatten (Grabfigur in der Leonhardskirche Basel, um 1377).*

*4. Stufe (seit Anfang des 14. Jahrhunderts):* Zum Brustpanzer kamen auf dieser Stufe weitere Eisenplatten, die wichtige Körperpartien zusätzlich schützen sollten: die Schultern, die Knie und andere Stellen. Das Ergebnis dieser Entwicklung war die Teilplattenrüstung, die mehr und mehr zu einer eisernen Kapsel zusammenwuchs, in die der Ritter eingeschlossen war: kaum verwundbar aber auch schwer beweglich – wie ein Krebs in seinem Gehäuse.

*5. Stufe (seit Ende des 14. Jahrhunderts):* Auf dieser Stufe war die vollständige Plattenrüstung fast erreicht. Vom alten Kettenhemd war nur noch eine Art Halskragen

*Der heilige Mauritius als Ritter im Kettenhemd mit darübergeschnalltem Brustpanzer (Statue im Magdeburger Dom, Mitte des 13. Jahrhunderts). Solche Brustpanzer zur Verstärkung der Rüstung (links) hat man unter anderem in einem Massengrab auf der Ostseeinsel Gotland gefunden (Riksantikvarieämbetet och Statens Historika Museer, Stockholm).*

übriggeblieben, der bis zum Helm hinaufreichte. Dieser war nach wie vor geschlossen, hatte jetzt aber eine elegantere Form als der traditionelle Topfhelm und konnte durch ein aufklappbares Visier vor dem Gesicht geöffnet werden.

*Hier ist die ursprünglich zusätzliche Panzerung über dem Kettenhemd zur ›Plattenrüstung‹ zusammengewachsen (Rüstung des Grafen Galeazzo von Arco, Churburg/Vintschgau, Rüstkammer, um 1430/40).*

**Mit welchen Waffen kämpfte der Ritter?**

Von Anfang an kämpfte der Ritter mit nur zwei Waffentypen: einer Stoß- und einer Schlagwaffe. Zwei weitere wirkungsvolle Waffen, Wurfspeer und Bogen, beherrschte er zwar, benutzte sie aber nur auf der Jagd.

Die klassische *Stoßwaffe* des Ritters war die Lanze. Wie wir gesehen haben, schwangen die fränkischen Panzerreiter diese Waffe über dem Kopf, um dann von oben zuzustoßen. Erst im Laufe des 11. Jahrhunderts gingen die Ritter dazu über, die Lanze ›einzulegen‹ und so gemeinsam gegen den Feind anzurennen. Die Wirkung dieser Taktik war furchtbar – sie riß die gegnerische Front regelrecht in Stücke. Halb bewundernd, halb entsetzt bemerkt dazu der berühmte spanische Gelehrte und Dichter Ramón Llull (1235–1316): »Ein Franke (gemeint: ein französischer Ritter) zu Pferde kann ein Loch in die Mauern von Babylon stoßen.«

Die klassische ritterliche *Schlagwaffe* war das gerade Schwert. Ritter und Schwert – das sind Begriffe, die untrennbar zusammengehören. Durch das Schwert wurde der Knappe zum Ritter promoviert: bei der ›Schwert‹-Leite ebenso wie beim Ritterschlag. Und Schwerter spielten auch in den ritterlichen Heldensagen, in denen sich das ritterliche Selbstverständnis am klarsten widerspiegelt, eine herausragende Rolle. Ja, hier hatten sie sogar eigene Namen wie Balmung, Durindarte, Eckesachs oder Escalibor, mit denen ihre Besitzer: Siegfried, Roland, Dietrich von Bern und König Artus wahre Wunder vollbrachten. Vielleicht waren es solche berühmten Vorbilder, die Konrad von Winterstetten, einen Vertrauten Kaiser Friedrichs II. (1212–1250), veranlaßten, ein Schwert von 16 cm Breite und 1,40 Meter Länge zu führen.

Neben dem Schwert waren aber auch noch andere Schlagwaffen im Gebrauch:

die schwere Streitaxt, die auch den stärksten Helm spalten konnte, der Streitkolben, mit seinem massiven, scharfkantigen Kopf eine furchtbare Waffe, und schließlich der Streithammer, der allerdings erst im 15. Jahrhundert aufkam, dann aber bei den Rittern recht beliebt war.

Die typische Ritterschlacht war ein Kampf ohne jede militärische Taktik. Wohlüberlegte Aufstellung der Truppen, Einkesselung, gar eine Falle oder ähnliche ›Hinterhältigkeiten‹ – all das lehnte ein echter Ritter als unehrenhaft ab. Für ihn bestand

**Wie kämpfte der Ritter in der Schlacht?**

die Kriegskunst vor allem im direkten Angriff und im offenen Kampf Mann gegen Mann.

Wollte sich ein Feldherr über diese ritterlichen Ehrbegriffe hinwegsetzen, so konnte er böse Überraschungen erleben. Wie zum Beispiel König Rudolf von Habsburg, als er vor der Schlacht von Dürnkrut (1278) anordnete, aus 50–60 Rittern eine Reserve für den Notfall zu bilden. Daraufhin verweigerte ihm der vorgesehene Führer dieser Einheit, Graf Heinrich von Pfannenberg, den Gehorsam. Und dessen beide Stellvertreter übernahmen das Kommando erst, nachdem sie sich reihum bei ihren Kameraden entschuldigt hatten: der König habe sie zu diesem unehrenhaften Kommando gezwungen.

*Die beiden typischen Angriffswaffen des Ritters waren die schwere Lanze und das gerade Schwert. Seltener kämpfte er mit der Streitaxt (a), dem Streitkolben (b) oder (seit dem 15. Jahrhundert) mit dem Streithammer (c).*

Auch sonst gehörte Disziplin vor der Schlacht nicht zu den ritterlichen Tugenden. Immer wieder kam es vor, daß Einzelne oder ganze Gruppen sich vor der Zeit auf den Feind stürzten und so den geordneten Aufmarsch der Truppen gefährdeten. Gerieten sie dabei in Bedrängnis, dann eilten ihnen weitere Einheiten zur Hilfe, und es begann ein planloses Gemetzel, das nicht selten mit einer Niederlage endete, wenn der Gegner die allgemeine Verwirrung ausnutzte. Schließlich nahmen solche Disziplinlosigkeiten so sehr überhand, daß sich die Templer und der Deutsche Orden gezwungen sahen, jeden mit dem Ausschluß aus der Ordensgemeinschaft zu drohen, der sich vor dem Signal zum Angriff auf einen Kampf einließ.

Ansonsten begann die typische Ritterschlacht mit einer gemeinsamen Attacke in geschlossener Formation. Die Gepanzerten stülpten den Topfhelm über die eiserne Kapuze, senkten drohend die Lanzen und donnerten so in gestrecktem Galopp auf die Reihen des Gegners zu. Durch die Berichte der Kreuzzugszeit zieht sich wie ein roter Faden das blanke Entsetzen, das viele Mohammedaner bei diesem Anblick ergriff. Tatsächlich war die Wirkung des Zusammenpralls verheerend. Eisen klirrte,

*Den Kampf eröffneten die Ritter gewöhnlich mit einem Lanzenangriff – eine Taktik, für die sie berühmt und gefürchtet waren. Tatsächlich konnte der Anblick der in Linie herandonnernden Eisenreiter unter ihren düsteren Topfhelmen selbst kriegserfahrene Feinde mit Angst und Entsetzen erfüllen. Nicht selten entschied schon der erste heftige Aufprall, der die Front des Gegners regelrecht in Stücke riß, über den Ausgang der Schlacht.*

Schilde splitterten, Pferde bäumten sich auf und verstümmelte Menschen wirbelten schreiend durch die Luft. Wenn der Gegner in diesem Augenblick nicht die Nerven behielt, hatte er die Schlacht bereits verloren.

Hielten die durch den Lanzenangriff aufgerissenen Reihen jedoch halbwegs stand, dann löste sich das Treffen rasch in einen Kampf Mann gegen Mann auf. Das war der Augenblick, den jeder echte Ritter herbeigesehnt hatte, denn nun konnte er nach Herzenslust dreinschlagen. Von dem blindwütigen Ungestüm solcher Einzelkämpfe gibt es unzählige Berichte. Dabei war die Wirkung der ritterlichen Schlagwaffen furchtbar. Vor allem dann, wenn der Gegner nur leicht gepanzert war. Ein Ritterschwert konnte, wie zeitgenössische Abbildungen zeigen, leicht einen Kopf vom Rumpfe trennen. Und Streitäxte oder Streitkolben rissen fürchterliche Wunden.

*Hatte in einer Ritterschlacht der Gegner die Nerven behalten und die Wucht des Lanzenangriffs überstanden, dann löste sich das Treffen rasch in blutige Einzelkämpfe auf. Das war der Augenblick, den jeder richtige Ritter herbeisehnte, denn nun, im Kampf Mann gegen Mann, konnte er seine persönliche Tapferkeit unter Beweis stellen und, wie hier dargestellt, nach Herzenslust dreinschlagen.*

Bei alledem war der Ritter selbst in seiner Rüstung nicht allzusehr gefährdet. Verzweifelt beschrieb ein islamischer Augenzeuge diese Unverletzlichkeit der ›fränkischen Eisenleute‹: »Sie schienen eine eiserne Masse zu sein, von der alle Schläge einfach abglitten.« Solange er nicht vom Pferd stürzte, konnte sich der Gepanzerte bei seinem blutigen Tun also einigermaßen sicher fühlen. Aber auch wenn er stürzte, mußte das noch nicht sein Ende bedeuten. Denn ein lebender Ritter war für den Gegner mehr wert als ein toter, weil dem, der einen halbwegs Begüterten gefangennahm, ein gutes Lösegeld winkte. So wird verständlich, warum in den meisten Schlachten dieser Art die Verluste unter den Rittern gewöhnlich nicht allzu hoch waren.

War die Schlacht geschlagen und gewonnen, richtete sich das Interesse des Siegers vor allem darauf, das Schlachtfeld zu besetzen – eine Art Imponiergehabe, das jedermann anzeigen sollte: hier stehe ich, der Sieger; hier habe ich meine siegreichen Standarten aufgerichtet. Den Gegner zu verfolgen und zu vernichten – daran dachte niemand. Zwar mag dabei auch mitgespielt haben, daß die schwerbelasteten und deshalb erschöpften Pferde eine Verfolgung vielleicht nicht mehr durchgestanden hätten. Wahrscheinlicher aber ist, daß den Siegern die zeremonielle ›Behauptung der Walstatt‹ ehrenvoller erschien. Jedenfalls blieben sie dort zuweilen tagelang.

Ernst und gemessen schritten sie dann in der Abenddämmerung über das Schlachtfeld, um den Hochgestellten unter den gefallenen Gegnern die letzte Ehre zu erweisen. Fand man die Toten nackt, was häufig geschah, weil Rüstungen bevorzugte Beutestücke waren, dann wusch man sie, kleidete sie ein und hielt ihnen, wie den eigenen Leuten, unter Gebeten und Gesängen die Totenwache. So forderte es der ritterliche Anstand.

Wenn ein Ritter nicht kämpfen konnte, war seine Lieblingsbeschäftigung die Jagd. Ritter sein und jagen – das waren zwei Seiten derselben Medaille. »Er war ein Edelmann«, heißt es auf einer mittelalterlichen Grabinschrift, »seine Hunde liebten ihn sehr.«

| **Was war die liebste Beschäftigung des Ritters im Frieden?** |

Um ihrer Jagdleidenschaft zu frönen, kannten die Ritter keine Rücksichten. Manche Bauernaufstände wurden dadurch ausgelöst, daß die vom Jagdfieber Getriebenen bei der Hatz auf Hirsche, Rehe oder Wildschweine mitten durch die Saaten preschten, das reife Korn zertraten, Zäune niederrissen und auch sonst keine Rücksichten kannten. Das alles war tausendmal bestätigtes Herrenrecht. Und wehe dem, der daran zu rühren wagte!

*Ein Ritter mit seinem Knappen, einem Jäger und Hunden auf der Wildschweinjagd (›Manessische Liederhandschrift‹).*

*Daß die Bärenjagd im Mittelalter ein lebensgefährliches Wagnis war, zeigt diese Abbildung aus der berühmten ›Manessischen Liederhandschrift‹.*

Dabei war die Jagd, anders als heute, kein Kinderspiel, sondern zuweilen ein lebensgefährliches Abenteuer. Zum Beispiel, wenn der Jäger einem übermannshohen Bären allein mit dem Spieß gegenübertrat. Auch ein wilder Eber konnte, wenn er sich bedroht fühlte, einen Mann zu Boden werfen und mit seinen Stoßzähnen zerfetzen. Auf einem berühmten Bild der sogenannten ›Manessischen Liederhandschrift‹ sieht man, wie sich ein Jagdbegleiter mit knapper Not vor einem wütenden Keiler auf einen Baum rettet.

Als besonders vornehm galt die Falkenjagd. Friedrich II. (1212–1250), einer der bedeutendsten Kaiser des Mittelalters, schrieb darüber in der lateinischen Gelehrtensprache seiner Zeit ein mehrbändiges Werk: »De arte venandi cum avibus« – zu deutsch: »Über die Kunst, mit Vögeln zu jagen«. Ein Buch, das der Beobachtungsgabe des Monarchen ein glänzendes Zeugnis ausstellt.

*König Konradin (1252–1268) und ein ritterlicher Begleiter auf der Jagd mit Falken (›Manessische Liederhandschrift‹).*

Die Abrichtung eines Falken (oder anderer Greifvögel: Adler, Habicht und Sperber) zur Jagd war ein mühseliges Geschäft und dauerte Jahre. Um so höher schlug das Herz jedes Falkners, wenn sich das von der behandschuhten Hand aufsteigende majestätische Tier in Sekundenschnelle auf seine Beute stürzte: tollkühn und todbringend wie ein Ritter in der Schlacht.

**Was versteht man unter einem Turnier?**

Als ›Turniere‹ bezeichnet man die so charakteristischen Kampfspiele, bei denen Ritter und Knappen vor einem begeisterten Publikum ihre Geschicklichkeit im Waffenhandwerk und ihren Mut unter Beweis stellen konnten. Auf Turnieren zu kämpfen war für jeden echten Ritter nicht nur ein Vergnügen, die Teilnahme bedeutete auch eine hohe Ehre. Das Mittelalter

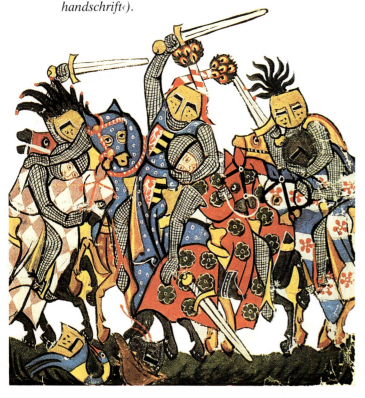

*Zeitgenössische Darstellung eines Buhurts. Wie man sieht, wurde auf solchen Massenturnieren verbissen gekämpft. Dabei gab es jedesmal zahllose Verletzte und nicht selten auch Tote (Buchmalerei aus der ›Manessischen Liederhandschrift‹).*

kannte drei unterschiedliche Formen des Turniers: ›Buhurt‹, ›Tjost‹ und ›Turnei‹.

Der *Buhurt* war ein Massenkampf zwischen zwei gleichgroßen und gleichstarken Heerhaufen. Das dafür abgesteckte Turnierfeld umfaßte Wiesen, Wälder und Lichtungen, war also ein richtiges Schlachtfeld. Gekämpft wurde allerdings nur mit stumpfen Waffen. Sonst aber ging alles genauso zu wie im Kriege. Ein Ritter, der im Getümmel stürzte, seine Waffen verlor oder keine Luft mehr bekam und deshalb aufgeben mußte, wurde vom Sieger entwaffnet und abgeführt. Als Gefangener schuldete er seinem Überwinder nicht nur sein Pferd und seine Rüstung, sondern auch ein Lösegeld.

Im Gegensatz zum Buhurt war der *Tjost* ein Zweikampf. Er begann stets mit einem Lanzenstechen. Die Regeln konnten aber vorsehen, daß die Gegner nach mehreren Runden absteigen mußten, um das Gefecht zu Fuß und mit dem Schwert fortzusetzen. Nicht selten wurde beim Tjost auch mit scharfen Waffen gefochten.

Ein Mittelding zwischen Buhurt und Tjost war der *Turnei* (das Turnier im engeren Sinne). Hier kämpften auf einem kleineren Turnierfeld zwei überschaubare Gruppen mit stumpfen Lanzen gegeneinander. Sieger war die Partei, die im Kampf Mann gegen Mann die meisten Gegner aus dem Sattel werfen konnte.

Vermutlich fanden die ersten Turniere um die Mitte des 11. Jahrhunderts in Nordfrankreich statt. Verbreitet hat sich der später so beliebte Kampfsport aber erst zu Beginn des 12. Jahrhunderts. Danach allerdings wurden Turniere neben Krieg und Jagd rasch zur Lieblingsbeschäftigung der Ritterschaft und dementsprechend immer häufiger, vielseitiger und prächtiger – bis Kaiser und Könige schließlich wahre Turnier-Orgien veranstalteten, mit Tausenden von Teilnehmern und Zigtausenden von Zuschauern.

*Zeitgenössische Darstellung eines Tjosts. Von der stumpfen Lanze des Siegers am Kopf verwundet, stürzt der Unterlegene blutend vom Pferd (Buchmalerei aus der ›Manessischen Liederhandschrift‹).*

*Der ›Buhurt‹ war ein Massenturnier auf weitläufigem Gelände. Hinten links: Zeltstadt für die Teilnehmer und Zuschauertribüne. Der Kreis im Hintergrund (mit weißer Fahne) ist der Ruheplatz für Erschöpfte. In der Mitte: Abtransport eines Verwundeten auf einem Wagen.*

## Wie ging es bei einem Turnier zu?

Man muß sich ein Turnier vorstellen wie eine Mischung aus farbenprächtigem Freilufttheater und Volksfest. Zu Beginn riefen Herolde die Teilnehmer namentlich auf und stellten sie den vornehmen Damen und Herren vor, die sich auf den Tribünen drängten. Dann wurden die Regeln verlesen und die Kämpfe begannen. In jeder Phase nahmen die Zuschauer am Turniergeschehen leidenschaftlichen Anteil. Anfeuernde Rufe ertönten, man klatschte Beifall oder schrie auf, wenn ein Teilnehmer im hohen Bogen vom Pferd flog und krachend in die Kampfbahn stürzte.

Das Turnier endete gegen Abend mit der Siegerehrung. Dazu erschienen die Helden des Tages vor der Haupttribüne, wo ihnen eine Dame unter dem Beifall der Anwesenden den Siegerkranz aufs Haar drückte. Danach ließen die Teilnehmer ihre Wunden behandeln, stiegen ins Bad, legten Festkleidung an und erschienen so zu Tanz und Gelage, die oft bis tief in die Nacht dauerten.

Diese glänzende Fassade verdeckte allerdings so manche Tragödie. Denn ein Turnier war kein harmloses Waffenspiel. Auch eine stumpfe Lanze konnte, wenn sie unglücklich traf, den Gegner schwer verletzen oder gar töten. Ebenso ein heftig geführter Schlag mit dem stumpfen Schwert. Wer aus dem Sattel gehoben wurde, konnte sich leicht das Genick brechen. Und im Getümmel eines Buhurts wurden viele von Pferdehufen zertrampelt oder erstickten unter ihren Helmen, wenn sie vornüber besinnungslos in den Sand stürzten.

So gibt es Forscher, die annehmen, daß bei Turnieren mehr Ritter umgekommen seien als in der Schlacht. Auch wenn das vielleicht übertrieben ist: die überlieferte Liste der im Turnier getöteten Könige, Herzöge, Grafen und Barone ist jedenfalls

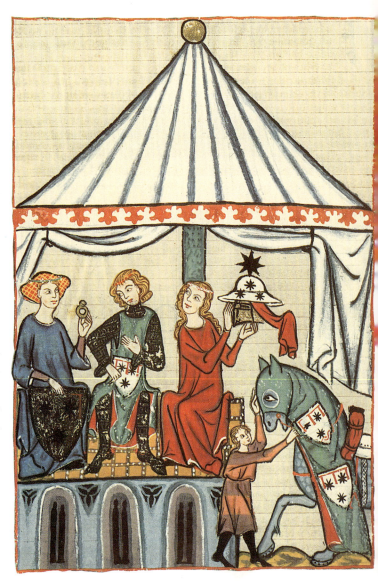

*Der Schweizer Ritter und Minnesänger Winli unmittelbar vor einem Turnier. Zu seiner Rechten die Dame seines Herzens, die ihm als Unterpfand ihrer Liebe und Treue einen goldenen Ring schenkt. Zur Linken eine junge Dame mit seinem Prachthelm, davor ein Knappe mit seinem Turnierpferd (Buchmalerei aus der ›Manessischen Liederhandschrift‹).*

erschreckend lang. Für die einfachen Ritter, die ja die große Mehrheit der Turnierteilnehmer stellten, besitzen wir keine genauen Zahlen, weil die Chroniken nur über Hochgestellte berichten. Doch sprechen vereinzelte Angaben über die Gesamtverluste eine beredte Sprache. So starben im Jahre 1240 allein auf einem einzigen Turnier in Köln 40 Ritter und Knappen!

**Welche Rolle spielten Turniere im Leben der Ritterschaft?**

Ungeachtet aller Gefahren war das Turnier vor allem für die jüngeren Ritter eine Bühne, auf der sie ihre Vorzüge ins rechte Licht setzen konnten, um so eines Tages zu erlangen, was sie sich am meisten wünschten: Ruhm und Ehre, fette Beute, einen angesehenen Dienstherrn und eine reiche Frau. Mit welcher Hingabe sich manch einer diesen Zielen verschrieb, mag das Beispiel des englischen Ritters William the Marshall zeigen, der es in reiferen Jahren bis zum Erzieher und Statthalter seines noch unmündigen Königs Heinrich III. brachte. In seiner Jugend aber war William von Turnier zu Turnier gezogen, wobei es ihm allein im Jahre 1177 gelang, 103 Siege nebst den dazugehörigen Lösegeldern zu erkämpfen.

Gegen eine Leidenschaft solchen Ausmaßes stand selbst die allmächtige Kirche auf verlorenem Posten. Gleich als die Turniere in Mode kamen, hatte Papst Innozenz II. auf dem 2. Konzil von Clermont (1130) Turniere als gottlose Eitelkeit und Kraftmeierei verdammt. Wer dabei den Tod fand, durfte nicht in geweihter Erde begraben werden. Als das nichts fruchtete, verschärfte man die Strafandrohungen von Jahrzehnt zu Jahrzehnt. Schließlich mußte ein im Turnier umgekommener Kämpfer sogar mit dem Verlust der ewigen Seligkeit rechnen. Aber es half alles nichts. Offenbar wollten die meisten Ritter lieber in der Hölle brennen als auf ihre geliebten Spiele verzichten. So mußte die Kirche schließlich einlenken. Im Jahre 1316, nach zwei Jahrhunderten vergeblichen Mahnens und Drohens, hob Papst Johannes XXII. das Turnierverbot wieder auf.

*Siegerehrung nach einem Turnier. Herzog Heinrich IV. von Schlesien-Breslau (um 1253–1290), erhält aus der Hand seiner Dame den Siegerkranz. Auf dem golddurchwirkten Überwurf seines Pferdes ist mehrfach das lateinische Wort ›AMOR‹ (= Liebe) eingestickt – ein eindrucksvoller Beleg dafür, daß für den Ritter der Turnierkampf und der Frauendienst untrennbar zusammengehörten (Buchmalerei aus der ›Manessischen Liederhandschrift‹).*

**Wie wohnte ein Ritter?**

Selbstverständlich wohnte ein richtiger Ritter auf einer richtigen Burg – so glauben die meisten. Doch das stimmt nicht. Denn um eine Burg bauen und unterhalten zu können, mußte man über sehr viel Geld verfügen. Sehr viel Geld aber hatten nur der Hochadel und vielleicht noch ein paar reich gewordene Ministerialen. Dagegen lebten die meisten Ritter in bescheidenen Verhältnissen, hatten also nicht die geringste Aussicht, jemals Burgherr zu werden. Wo dennoch Ritter ohne Vermögen auf Burgen wohnten, da taten sie es als Angestellte ihres Dienstherrn: als Burgvögte, Verwalter, Waffenmeister, Jagdaufseher und so weiter.

Die Mehrzahl der einfachen Ritter aber lebte draußen auf dem Lande, meist in einem Dorf, das zu ihrem Lehen gehörte, umgeben von den Holzhütten ihrer Bauern und Leibeigenen. Über ihre eigenen Häuser weiß man nicht allzu viel. Vermutlich waren die meisten aus Stein gebaut, besaßen an den Ecken kleine Erker, aus denen man ein freies Schußfeld hatte, und wurden durch einen schmalen Wassergraben geschützt.

Im Inneren gab es gewöhnlich zwei Räume: ein Wohn- und Empfangszimmer, in dem auch gekocht und gegessen wurde, und ein Schlafzimmer für die ganze Familie. Eingerichtet war ein solches Ritter-Haus nur mit dem Allernötigsten: mit Tischen, Bänken, Schemeln, Betten, Truhen, viel Stroh und wenigen Stoffen. Alles in allem also nicht gerade das, was man sich im allgemeinen unter einem ritterlichen Haushalt vorstellt.

**Woraus hat sich die Ritterburg entwickelt?**

Vorläufer der großen Ritterburgen war eine frühe Befestigungsanlage, deren Geschichte offensichtlich weit in die Vergangenheit zurückreicht: die sogenannte ›Motte‹. Darunter versteht man einen aufgeschütteten Erdhügel, auf dessen abgeflachter Kuppe ein hölzerner Wohn- und Wehrturm stand, der von einem starken Palisadenzaun zusätzlich geschützt wurde. Eine ›Turmhügelburg‹ also, wie der deutsche Ausdruck dafür lautet.

*Das Innere eines Ritterhauses auf dem Lande. Solche Häuser hatten in früher Zeit einen, später zwei Räume und waren sehr einfach und spärlich eingerichtet. Der Fußboden war meist mit Zweigen bedeckt.*

*Die Vorform der späteren Ritterburg war die sogenannte ›Motte‹, ein von Palisaden umgebener hölzerner Wohn- und Festungsturm auf einem künstlich aufgeschütteten Erdhügel. Hier wohnten der Burgherr, seine Bewaffneten und das Gesinde auf engstem Raum beieinander. Viele Motten besaßen zu Füßen der eigentlichen Burg noch eine geräumige Vorburg mit Ställen, Speichern und Wirtschaftsgebäuden.*

Am Fuße des Burghügels besaßen die meisten Motten einen weiteren palisadengeschützten Bereich, in dem vor allem Ställe und Wirtschaftsgebäude untergebracht waren. Hier suchten die Bauern der Umgebung mit ihrem Vieh Zuflucht, wenn ein Feind heranrückte. Turmhügelburg und abgeschirmtes Vorfeld also: wie man unschwer erkennt, ist in einer so konstruierten Motte bereits die Zweiteilung in ›Hauptburg‹ und ›Vorburg‹ angelegt, wie wir sie in späterer Zeit auch bei vielen Ritterburgen finden.

Während des großen Wikingersturms entstanden im Fränkischen Reich Tausende von Motten als befestigte Herrensitze und Fluchtburgen. Offensichtlich bewährten sie sich so sehr, daß man sie in den folgenden Jahrhunderten auch in Ostfranken (dem späteren Deutschland) sowie in England und Irland baute. Noch im 12. und 13. Jahrhundert, als schon überall die uns vertrauten steinernen Burgen entstanden, wurden daneben auch noch ihre bescheidenen Vorläufer, die Motten, errichtet – ein schönes Beispiel für den fortbestehenden Nutzen dieser frühen Erfindung.

Etwa um das Jahr 1000 begannen wohlhabende Bauherren, ihre Turmhügelburgen dadurch zu verstärken, daß sie deren traditionelle Holzaufbauten zuerst teilweise, dann ganz in Stein ausführten. So entstand aus der hölzernen Motte die steinerne *Turmburg*. Eine solche Turmburg mußte, wenn sie nur hoch und stark genug war, nicht mehr unbedingt auf einer Anhöhe stehen – sie konnte sich zur Not auch in der Ebene behaupten. Tatsächlich haben sich vor allem im französischen und englischen Flachland eindrucksvolle Ruinen früher Turmburgen erhalten. In ihrer voll entwickelten Form besaßen sie übereinander ein Kellergeschoß, ein Küchen- und Wirtschaftsgeschoß, zwei Wohngeschosse und ganz oben eine mit Zinnen bewehrte Kampfplattform.

Von solchen steinernen Turmburgen führte die Entwicklung weiter zur Vielfalt der späteren Ritterburg. Denn im Prinzip ist die typische Ritterburg in ihrem Hauptteil ja nichts anderes als eine Turmburg, die man in einen größeren Mauerring eingeschlossen und innen um zusätzliche Gebäude erweitert hat.

Wie wir gesehen haben, waren alle Ritterburgen Weiterentwicklungen der Motte. Dementsprechend blieb ihr Grundschema immer dasselbe: ein Wehrturm wurde eingefaßt von Mauern, die dieses weithin sichtbare Zentrum der Verteidigung zusätzlich schützten.

**Welche Grundtypen der Ritterburg gibt es?**

Welcher Burgentyp sich daraus im Einzelfall ergab, wenn die Burg erweitert werden sollte, hing von vier Fragen ab, die sich jeder Bauherr vor Baubeginn stellen mußte, um zu ermitteln, was er unbedingt brauchte und was er sich darüberhinaus leisten konnte:

Erstens: Welche weiteren Gebäude sollten neben dem Wehrturm im Inneren des Mauerrings errichtet werden – vielleicht ein Palast für die Familie des Burgherrn, eine Burgkapelle für den Gottesdienst, Gesinde- und Gästehäuser, Waffenkammern, Wirtschaftsgebäude?

Zweitens: Wo sollte die geplante Burg stehen, um Angreifern den Zugang zu erschweren?

Drittens: Wie konnte man die Schwachstellen der Burg, vor allem die Zufahrtswege und das Eingangstor, durch besondere Bauwerke schützen – zum Beispiel durch Mauertürme, Tortürme, Fallgitter, Zugbrücken?

Und viertens: Wie sollte für den Fall der Belagerung die Versorgung sichergestellt werden – durch Brunnen, Zisternen, Ställe, Vorratsspeicher, Gärten?

Hat man sich die vielschichtigen Probleme, die hinter diesen Fragen stecken, erst einmal klargemacht, dann versteht man auch, daß es darauf unendlich viele verschiedene Antworten geben mußte. Das aber heißt: So etwas wie ein einheitlicher Burgentyp konnte gar nicht entstehen. Tatsächlich gleicht denn auch keine Burg der anderen, und deshalb gibt es letzten Endes auch keine Einteilung, die der ganzen Vielfalt der abendländischen Ritterburgen gerecht wird.

Will man trotzdem auf eine gewisse Ordnung nicht verzichten, dann hält man sich am besten an die Lage der Burg. Danach kann man unterscheiden: die *Höhenburg* auf einer Bergkuppe, die *Wasserburg* inmitten eines Sees, die *Grabenburg,* die

*Burg Hospental in der Schweiz. Die gut erhaltene kleine Turmburg wurde gegen Ende des 12. Jahrhunderts auf einer hochgelegenen Felsplatte errichtet und beherrschte von dort aus die Landschaft zu ihren Füßen. Typisch: der hochgelegene Eingang, den man nur über eine Leiter erreichen kann. Von der steinernen Ringmauer, die den Festungsturm ursprünglich umgab, sind heute nur noch Reste erhalten.*

*Rapottenstein in Niederösterreich ist eine typische Höhenburg. Sie wurde gegen Ende des 12. Jahrhunderts auf der Spitze eines gewaltigen Felsmassivs errichtet und später immer wieder verstärkt und erweitert. Mit ihren hochaufragenden glatten Mauern und Türmen, die so aussehen, als seien sie aus dem natürlichen Stein herausgewachsen, gehört sie zu den eindrucksvollsten und schönsten Wehrbauten des Mittelalters. Die gewaltigen Befestigungen umschließen einen besonders schönen Innenhof mit Arkaden aus dem 16. Jahrhundert.*

in der Ebene stand und von einem oder mehreren wassergefüllten Gräben geschützt wurde, und die *Felsenburg* in einer Felsenhöhle. Hinzu kommt noch die *Burg mit Festungscharakter,* die meist in flachen und trockenen Felslandschaften errichtet wurde, wo es kein Wasser gab, mit dem man einen Burggraben hätte füllen können. Von außen gesehen, gleichen solche Festungsburgen düsteren Steinquader-Gebirgen. Ein besonderes eindrucksvolles Beispiel dafür ist die berühmte Johanniter-Burg Krak des Chevaliers im heutigen Syrien (Seite 41), die während der Kreuzzüge immer wieder berannt, aber niemals erobert wurde.

*Die Felsenburg Kofel in Norditalien, heute eine Ruine, lag in einer riesigen Steinhöhle der Venezianischen Alpen, oberhalb des Flusses Brenta. Zu Fuß konnte man die Burg nicht erreichen. Menschen, Vorräte, Möbel, Waffen – alles mußte, wie dieser Stich aus dem 17. Jahrhundert zeigt, an Kränen hinaufgezogen werden (aus Matthäus Merian: Topographia Austriacarum, 1649).*

*Unten: Chillon in der Schweiz, eine der schönsten Wasserburgen der Welt, wurde zwischen dem 10. und 12. Jahrhundert auf einem massiven Felsblock errichtet, der an dieser Stelle aus dem Genfer See aufsteigt. Nur eine schmale Zugbrücke verbindet die malerische Burg mit dem Ufer.*

*Die Kreuzfahrerburg Krak des Chevaliers im heutigen Syrien, eine gewaltige Festung der Johanniter, entstand im 12. und 13. Jahrhundert. Sie wurde in den blutigen Kämpfen um das Heilige Land immer wieder belagert, konnte aber niemals erstürmt werden.*

**Was versteht man unter ›höfischem Rittertum‹?**

Um diese Frage zu beantworten, wollen wir zuerst einen Blick auf jene gehobenen Lebensumstände werfen, die die Fachleute als ›ritterliche Kultur‹ bezeichnen. Die Bildfolge auf den Seiten 42–43, zusammengesetzt aus zeitgenössischen Abbildungen, gibt einen interessanten Eindruck von dieser Kultur. Da sieht man Ritter bei einer Bootspartie, beim Boccia-Spiel, beim Picknick, im Konzert, beim Tanz, beim Schach oder Backgammon, beim Lesen oder vor der Schreibtafel. Bei all diesen Tätigkeiten ist man stets einfach, aber elegant gekleidet, trägt Kränze auf dem gelockten Haar und bewegt sich mit vollendeter Anmut – eine Welt der Muße, des Luxus, der feinen Lebensart.

Die Ritter, von denen hier die Rede ist, nennt man: ›höfische Ritter‹. ›Höfisch‹, weil diese Bevorzugten ihr Leben an den ›Höfen‹, das heißt, in den prächtigen Burgen der Mächtigen und Reichen zubrachten. Gemessen an der Gesamtzahl der Ritter, war es nur eine kleine Oberschicht, die diesen Vorzug genoß. Trotzdem erfüllte die höfische Ritterschaft eine wichtige Funktion für alle: von ihr gingen die ritterlichen Ideale aus, denen sich schließlich auch die große Zahl der einfachen Ritter verpflichtet fühlte.

Ihren vollendeten künstlerischen Ausdruck fanden die höfisch-ritterlichen Ideale vor allem in den großen Heldenliedern, die berühmte Dichter wie Hartmann von Aue (geboren vermutlich um 1160, gestorben nach 1210), Wolfram von Eschenbach (ca. 1170–ca. 1220) oder Gottfried von Straßburg (Lebensdaten unbekannt, Hauptschaffensperiode ca. 1205–1210), die selbst Ritter waren, an den Höfen vortrugen. Alle diese Werke handeln von Rittern: von ihren Abenteuern und kühnen Taten, von ihren Konflikten und Tugenden, von ihrer Liebe zu einer schönen Frau, von ihrer Frömmigkeit, Großmut und Opferbereitschaft. Für das ungewöhnliche Leben dieser Helden konnte man sich begeistern, ihre ritterlichen Tugenden nahm man sich zum Vorbild.

Neben den großen Heldenliedern pflegte man an den Höfen noch eine andere Art

*Szenen aus dem Leben des höfischen Ritters. Links: eine Kahnpartie mit Damen. Mitte: zwei Ritter beim Boccia-Spiel im Garten. Unter einem blühenden Baum ein Diener mit einer Weinkanne. Rechts: Picknick im Grünen, bei dem gebratenes Geflügel und Wein serviert werden (Buchmalereien aus der ›Manessischen Liederhandschrift‹).*

von Dichtung: zarte, phantasie- und klangvolle Lieder, in denen die Natur und die menschlichen Gefühle, vor allem aber die Liebe zwischen Mann und Frau besungen wurden. Die Blütezeit dieser ritterlichen Natur- und Liebesdichtung begann in Frankreich um 1100 und wurde verbreitet von sogenannten ›Troubadouren‹, die, wie die Schöpfer der großen Heldenlieder, oft Dichter, Sänger und Ritter in einem waren.

Ein halbes Jahrhundert später fand die Kunst der Troubadoure als ›Minnesang‹ auch im Norden eine Heimstatt. Hier, an den Höfen des deutschen Hochadels, bildeten die wundervollen Lieder der großen Minnesänger Heinrich von Morungen (Geburtsjahr unbekannt, gestorben 1222), Walther von der Vogelweide (ca. 1170 bis ca. 1230) und anderer einen ersten Höhepunkt deutscher Literatur.

Wie schon der Name ›Minne‹-Sang sagt, verherrlichten die meisten ›Minne‹-Lieder eine besondere Art der Liebe: eben die ›Minne‹ – die höfische Liebe des Ritters zu einer ›Hohen Frau‹, die oft eine verheira-

*Zwei Bilder, die die große Wertschätzung von Dichtern und Sängern bei Hofe vor Augen führen. Links: Knieend empfängt der Schweizer Ritter und Minnesänger Ulrich von Singenberg aus der Hand einer kostbar gekleideten Dame den aus goldenen und silbernen Rosen gewundenen Ehrenkranz. Rechts daneben: Dafür, daß er die höfische Gesellschaft mit seinen Liedern erfreut hat, wird der umherreisende Spruchdichter Meister Sigeher von einem vornehmen Ritter mit einem kostbaren Pelzmantel beschenkt (Buchmalereien aus der ›Manessischen Liederhandschrift‹).*

*Weitere Szenen aus dem Leben des höfischen Ritters. Links: Ein Ritter während eines Konzerts zwischen einem Geiger und einem Flötenspieler. Mitte: Höfischer Reigentanz, an dem ein Ritter in voller Rüstung teilnimmt. Rechts: Ein Ritter und eine Dame beim Schachspiel. (Buchmalereien aus der ›Manessischen Liederhandschrift‹).*

tete Frau war. Diese Minne zielte nicht darauf, die Geliebte zu erobern und zu besitzen. Sie war vielmehr eine leidenschaftliche Verehrung für ein Idealbild der Frau, das für immer unerreichbar blieb. In dieser zugleich vergeistigten und hoffnungslosen Liebe setzte der höfische Ritter alles daran, seiner Geliebten in jeder Weise zu dienen. Denn darin vor allem bestand seine Liebe: daß er alle guten und heldenhaften Taten, die er vollbrachte, immer und überall nur für sie, seine Hohe Frau, vollbrachte. Der Lohn dafür waren zarte Aufmerksamkeit, Bewunderung und vielleicht Zuneigung, ja, Liebe, die aber jede körperliche Hingabe ausschloß.

Hier, im Minnedienst der höfischen Ritterschaft, liegt der Ursprung für die besondere Art der Frauenverehrung, die wir bei uns in Europa ›Liebe‹ nennen und die es in dieser eigentümlichen Mischung aus leidenschaftlicher Sehnsucht, menschlicher Verehrung, Hochachtung und Bereitschaft zum Verzicht, so nur im christlichen Abendland gibt. Für wie lange noch – das ist eine andere Frage.

*Die beiden Seiten der höfischen Liebe in zeitgenössischen Bildern. Links die ideale Liebe (die Minne): Ein Ritter, den der Liebespfeil getroffen hat, kniet anbetend aber in gebührenden Abstand vor seiner Dame, die sich ebenfalls zurückhält. Dagegen rechts die sinnliche Liebe: Während eine Dame ihrem Ritter, der im Reisegewand vor ihr kniet, zur Erinnerung eine Locke abschneidet, greift dieser ihr, obwohl eine Dienerin dabei ist, ganz ungeniert mit der Hand unter den Rock (auch diese Abbildungen stammen aus der ›Manessischen Liederhandschrift‹).*

# Der Niedergang des Rittertums

**Warum konnte sich der Ritter als Soldat auf Dauer nicht behaupten?**

Wie wir sahen, kämpfte der Ritter mit Lanze, Schwert, Axt, Streitkolben oder Streithammer – er war also ein Nahkämpfer! Doch im Laufe des 14. Jahrhunderts kamen zunehmend Fernwaffen auf, gegen die Kettenhemd und Brustpanzer keinen wirksamen Schutz mehr boten. Die beiden wichtigsten waren die Armbrust und der mannshohe englische Langbogen.

Vor allem der aus Eibenholz gefertigte Langbogen war eine fürchterliche Waffe. Er hatte eine Reichweite von 500 Metern; seine Pfeile konnten noch aus 200 Metern Entfernung eine starke Eichenbohle durchschlagen. Mit dieser Waffe machten die Ritter Frankreichs Bekanntschaft, als sie im Jahre 1346 nahe der französischen Kanalküste, beim Dorfe Crécy, mit einer an Zahl weit unterlegenen englischen Armee zusammenstießen, die jedoch über 8000 Langbogen-Schützen verfügte. Die Folgen waren verheerend. Im anhaltenden Pfeilhagel verwandelten sich die Schlachtreihen der verbissen anreitenden Franzosen in ein Gewirr von schreienden und stürzenden Menschen- und Pferdeleibern – ein blutiges Chaos, in dem die nachsetzende englische Reiterei leichtes Spiel hatte. Nach nur anderthalb Stunden Kampf lagen die Besten der französischen Ritterschaft tot auf dem Schlachtfeld.

Die im wahrsten Sinne des Wortes ›durchschlagende‹ Wirkung der neuen Fernwaffen hatte zur Folge, daß die Ritter ihre Rüstungen immer weiter verstärkten. Doch das war, wie die Erfahrung schon bald zeigte, kein sinnvoller Ausweg aus der sich abzeichnenden Krise. Denn so massive Rüstungen machten die Gepanzerten immer schwerer und schwerfälliger – bis man sie schließlich wie zentnerschwere Stahlpuppen mit Kränen aufs Pferd hieven und im Sattel festbinden mußte.

Als zunehmend überholt erwies sich jedoch nicht nur die Ausrüstung des Ritters, sondern auch seine Art zu kämpfen. Zum ritterlichen Selbstverständnis gehörte ja die still-

*In der Schlacht von Crécy (1346) erwies sich die ritterliche Kampfweise als veraltet. Die englischen Langbogenschützen (im Hintergrund) ließen die Gepanzerten gar nicht erst herankommen.*

*Am Ende des Mittelalters versuchten viele Ritter die finanzielle Notlage, in die sie geraten waren, mit Gewalt zu bessern, indem sie als ›Raubritter‹ Kaufleute und andere Reisende ausplünderten. Schließlich mußten die Landesherren gegen die Verbrecher einschreiten und ihre Burgen zerstören.*

schweigende Übereinkunft, daß allein der Kampf von Angesicht zu Angesicht ehrenvoll sei, während jede Kriegslist als unritterlich verpönt war. Ein solcher Ehrenkodex aber war für manche Gegner ohne jede Bedeutung. So für die Bauern- und Bürgerheere der Schweizer Kantone (Provinzen), die seit dem 14. Jahrhundert mit allen Mitteln für ihre Freiheit kämpften. 1315 bei Morgarten, 1386 bei Sempach, 1444 bei Sankt Jacob an der Birs, 1476 bei Murten und 1477 bei Nancy besiegten diese ›Bauerntölpel‹ glanzvolle Ritterheere mit recht unritterlichen Methoden. Sie errichteten auf dem Schlachtfeld Hindernisse, erstachen die Pferde mit langen Spießen und zogen die starren Eisenmänner mit Haken aus dem Sattel, um ihnen dann mit Äxten und Dolchen den Garaus zu machen. Einer so regelwidrigen Kriegführung standen die Ritter hier wie anderswo rat- und hilflos gegenüber.

Im Laufe des 14. und 15. Jahrhunderts verloren die Ritter nicht nur militärisch ihre Vorrangstellung. Auch wirtschaftlich gerieten viele in eine Krise, weil die Einnahmen, die sie aus ihren Landgütern zogen, mehr und mehr zurückgingen.

**Wie kam es, daß viele Ritter im Laufe der Zeit verarmten?**

Ausgelöst wurde diese Krise durch Hungerkatastrophen und immer wieder aufflackernde Seuchen, die große Teile des Landes entvölkerten. Infolgedessen fehlten überall auf den Rittergütern die Arbeitskräfte. Zudem zog es viele Landleute, die überlebt hatten, in die aufstrebenden Städte, wo ihr Leben freier und leichter war als auf dem Dorfe. Schließlich wurde der Arbeitskräftemangel so bedrohlich, daß den ritterlichen Gutsherren nichts anderes übrigblieb, als ihre verbliebenen Bauern durch finanzielle Wohltaten an sich zu binden: Pachten wurden ermäßigt, Abgaben erlassen und Frondienste eingeschränkt.

Das waren vernünftige Maßnahmen. Allerdings fehlte das den Bauern erlassene Geld nun in der eigenen Kasse, und das war für manchen Ritter mehr als er verkraften konnte, denn zu allem Unglück fielen in jener Zeit auch noch die Preise für landwirtschaftliche Erzeugnisse. So standen viele Rittergutsbesitzer unversehens am Rande des Ruins.

In einer so schwierigen wirtschaftlichen Lage wäre es vernünftig gewesen, die

Kosten für die Lebenshaltung möglichst niedrig zu halten. Doch das konnten die meisten Ritter mit ihrem Selbstverständnis nicht vereinbaren. Auf reichlich Personal, kostbare Pferde, die neuesten Waffen, schöne Kleider und mancherlei Luxus mochten – trotz steigender Preise für diese Waren – nur wenige verzichten. Lieber verpfändeten sie Teile ihres Besitzes, bis sie überschuldet waren und schließlich alles verloren.

Die Umsichtigeren versuchten den wirtschaftlichen Zusammenbruch dadurch abzuwenden, daß sie sich nach zusätzlichen Einnahmequellen umsahen. Wer familiäre Beziehungen hatte, bewarb sich um ein Amt an einem Fürstenhof. Andere verdingten sich als Offiziere; das war ein Beruf, von dem sie etwas verstanden und in dem sie neben ihrem Sold auch noch mit einem Anteil an der Kriegsbeute rechnen konnten.

Eine üble Figur in jener Epoche der Neuorientierung machten diejenigen, die auf die Herausforderungen der Zeit so antworteten wie sie es gewohnt waren: mit Gewalt. Als ›Glücksritter‹ schlossen sie sich Kriegshorden an, die unter fadenscheinigen Vorwänden Städte oder Großgrundbesitzer in Privatkriege verwickelten und dabei fette Beute machten. Eine andere beliebte Methode war es, von Durchreisenden widerrechtlich und unter Drohungen Zölle zu erheben.

Die Übelsten von allen aber waren diejenigen, die als ›Strauch-‹ oder ›Raubritter‹ Kaufleute und Privatpersonen überfielen, um sie auszuplündern. In manchen Gegenden nahm dieses Raubritter-Unwesen einen solchen Umfang an, daß die Landesfürsten gezwungen waren, zu regelrechten Raubritterkriegen auszuziehen, die Burgen der Missetäter zu zerstören und diese selbst zur Rechenschaft zu ziehen. Von solchen Strafexpeditionen stammen viele der malerischen Ruinen, die vielerorts noch heute das Bild unserer Landschaft bestimmen.

**Wie ging das Zeitalter des Rittertums zu Ende?**

Gegen Ende des 15. Jahrhunderts hatten die Ritter ihre Rolle im Alltagsleben der europäischen Staaten und Völker endgültig ausgespielt.

Sie hatten sich überlebt – auf dem Schlachtfeld ebenso wie als gesellschaftliche Klasse. Doch bevor die Erinnerung an sie verblaßte, erlebten die ritterlichen Ideale noch einmal eine kurze, aber glanzvolle Blütezeit.

Der Anstoß dazu ging vom Hochadel aus. Während sich ringsum die ritterliche Welt von einst auflöste, blieb bei Baronen, Grafen, Fürsten und Königen eine starke Sehnsucht nach der guten alten Zeit lebendig – nach einer Zeit, in der das Ideal vom ›Ritter ohne Furcht und Tadel‹ das Leben aufregend und zugleich sinnvoll gemacht hatte. Dieses Ideal einer glanzvollen Vergangenheit wiederzubeleben, schien ihnen auch ein wirksames Mittel zu sein gegen die geistigen Umwälzungen in einer Zeit, die im Begriffe stand, zu neuen Horizonten aufzubrechen und deshalb vielen nicht geheuer war.

Eine hektische Betriebsamkeit setzte ein. Überall in Europa entstanden neue Ritterorden und Ritterbruderschaften, die ihre Mitglieder auf eine ritterliche Lebensweise einschworen. Doch für eine neue Ritterschaft gab es, wie wir gesehen haben, schon längst keine wirklichen Aufgaben mehr. So erschöpfte sich dieses ganze Tun und Treiben rasch in einer Art Gesellschaftsspiel: in bedeutungsschweren Aufnahmezeremonien, feierlichen Gelöbnissen, festlichen Auftritten und allerlei ›Kulissenzauber‹, wie ein bekannter Historiker das zutreffend genannt hat.

Ihren weithin sichtbaren Ausdruck aber fand die neue Ritterbegeisterung vor allem in den phantastisch herausgeputzten Turnieren, wie sie an den großen europäischen Fürstenhöfen, aber auch in vielen Städten in Mode kamen. Um die größte Prachtentfaltung bei diesen sündhaft teu-

*Oben: Eine beliebte Turnierart der Spätzeit war das ›welsche Gestech‹, ein Zweikampf zu Pferde, bei dem die Teilnehmer zu beiden Seiten eines Holzzauns aufeinander zu galoppierten. Ziel war es, den Gegner mit der schweren, stumpfen Lanze aus dem Sattel zu stoßen. Links: Bildnis Kaiser Maximilians I., gemalt 1504 von Berthold Strigel. Der Kaiser war ein weithin berühmter Turnierreiter.*

ren Veranstaltungen wetteiferten miteinander der englische König Heinrich VIII. (1509–1547) und der französische König Franz I. (1515–1547), die selbst erfolgreich an solchen Turnieren teilnahmen. An Begeisterung und Glanz weit übertroffen aber wurden beide von ihrem strahlenden Konkurrenten, dem deutschen König und späteren Kaiser Maximilian I. (1486 bis 1519), den schon seine Zeitgenossen den ›letzten Ritter‹ nannten.

Zu Recht! Denn Maximilian, der in seiner Person Wirklichkeitssinn und romantische Schwärmerei vereinte, meinte es mit der Wiederbelebung der ritterlichen Ideale ernst. Redlich bemühte er sich darum, als Ritter zu leben und seiner Umgebung und seiner Zeit ein ritterliches Vorbild zu geben. Seine Turniere waren in ihrer prunkvollen Ausstattung einzigartig. An ihnen teilnehmen zu dürfen, galt als eine hohe Ehre. Der Kaiser selbst war ein leidenschaftlicher Turnierreiter und einer der besten: ihn zu besiegen, gelang nur wenigen.

Doch der Zauber, wie er von Maximilian und seinesgleichen ausging, konnte auf Dauer nicht darüber hinwegtäuschen, daß der späten Ritterbegeisterung etwas Künstliches und Theatralisches anhaftete. So hielt denn auch die Hochstimmung nicht lange an. Als im Jahre 1559 der französische König Heinrich II. durch den splitternden Schaft einer Turnierlanze umkam, verbot sein Nachfolger solche Veranstaltungen für immer. Und bald darauf stellte man auch im übrigen Europa den Turnierbetrieb ein.

Ritter gibt es nicht mehr – im Laufe des 16. Jahrhunderts haben die letzten die Bühne des großen Welttheaters für immer verlassen.

> **Was ist uns vom Rittertum geblieben?**

Zurückgelassen haben sie eine Vielzahl von Erinnerungsstücken: Burgen, Rüstungen, Waffen, Kunstwerke, Alltagsgegenstände, Urkunden und Bücher – Zeugen einer versunkenen Welt, die mit der unsrigen nichts mehr gemein hat. Gewesen und vergessen also? Wer so denkt, urteilt vorschnell. Denn er übersieht, daß das Rittertum nicht nur eine handgreifliche geschichtliche Erscheinung war, sondern auch, ja vielleicht in erster Linie, ein Traum – ein Traum vom Menschen, wie er sein sollte. Und dieser Traum vom ›ritterlichen‹ Menschen ist gottlob noch nicht ausgeträumt.

Selbstverständlich wäre es abwegig, wollte jemand heute fordern, wir sollten einfach die Liste moralischer Forderungen und Gebote übernehmen, die wir auf Seite 19 dieses Buches als ›ritterliches Tugendsystem‹ kennengelernt haben. Davon paßt – wie könnte es anders sein? – manches nicht mehr in unsere Zeit. Doch die Sache erscheint sofort in einem ganz anderen Licht, wenn man nicht auf die Einzelheiten schaut, sondern fragt, worin denn das Eigentliche, der Wesensgehalt des Begriffs ›Ritterlichkeit‹ besteht.

Die Antwort darauf ist es wert, daß man darüber nachdenkt. Auf eine knappe Formel gebracht, lautet sie: ›Ritterlichkeit‹ im Sinne des ›ritterlichen Tugendsystems‹ bedeutet, daß ein Mensch zwei Eigenschaften in sich vereint, die auf den ersten Blick nicht recht zusammenzupassen scheinen, nämlich *Stärke* und die *Bereitschaft zu dienen*.

›Ritterlich‹ ist demnach einer, der zunächst einmal alle Kräfte aufbietet, um ein innerlich freier, tapferer und selbstbewußter Mensch zu werden. Doch wenn er dieses Ziel erreicht hat, mißbraucht er seine Stärke nicht zu selbstsüchtigen Zwecken. Vielmehr stellt er seine besonderen Fähigkeiten freiwillig in den Dienst einer guten Sache. Vor allem aber ist er dort zur Stelle, wo Schwächere Hilfe brauchen.

›Ritterlich‹ handelt demnach ein Sprengmeister, wenn er beim Entschärfen eines Blindgängers das eigene Leben riskiert, damit nicht andere, zum Beispiel spielende Kinder, in die Luft fliegen. ›Ritterlich‹ handelt auch einer, der mit vollem Risiko ins eisige Wasser springt, um einen Eingebrochenen vorm Ertrinken zu retten, statt untätig und sensationslüstern dabeizustehen, wie das so oft geschieht. ›Ritterlich‹ ist auch ein Chef, der nicht bei jedem Fehler seiner Untergebenen herumbrüllt, sondern durch das eigene Vorbild erzieht. Auch jemand, der lieber seine Bahn versäumt, als eine kurzsichtige alte Frau ratlos am Rand einer befahrenen Straße stehen zu lassen, handelt nach dem Grundsatz der ›Ritterlichkeit‹. Wie auch ein Schüler, der mutig dazwischengeht, wenn seine Kameraden Schwächere verprügeln.

Beispiele wie diese, wo jemand seine Stärken und Fähigkeiten für eine gute Sache oder für hilfsbedürftige Menschen einsetzt, kann man beinahe beliebig vermehren. Sie zeigen, wie sich die Welt im Kleinen und im Großen verändern könnte, wenn wir nur ernstnehmen würden, was uns das Rittertum als kostbarstes Erbe hinterlassen hat: den Traum vom ›ritterlichen‹ Menschen.

 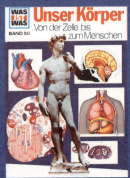 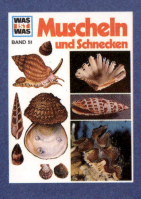  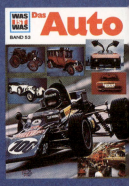
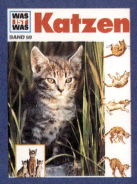  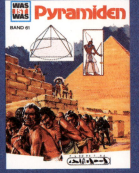  
 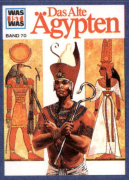  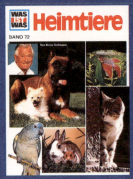 
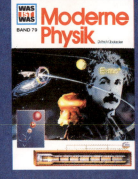    
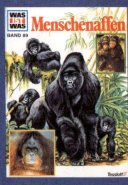 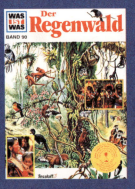